जिंदगी

मेरे घर आना

(सकारात्मक कदम)

काव्य एवं गद्य संग्रह

शाहाना परवीन "शान"

Title   :   Zindagi Mere Ghar Aana

Author   :   Shahana Parveen 'Shan'

Edition   :   1st (March, 2023)

ISBN   :   9789395391238

Published by

PRACHI
DIGITAL PUBLICATION

Regd. Add.: 254, Khuriyakhatta No. 10, Bindukhatta,
Lalkuan, Nainital - 262402, Uttarakhand, India
Website : www.prachidigital.in
E-mail : info@prachidigital.in
Contact : +91-976041-7980, 976041-8103

Printed by :
Manipal Technologies Limited, Manipal - 576104, Karnataka

समर्पण

ख्वाब देखना बहुत आसान है पर कभी कभी हम कुछ ऐसी परिस्थितियों में उलझकर रह जाते हैं कि अपने द्वारा देखे ख्वाबों को पूरा करने में अस्मर्थ महसूस करते हैं। ऐसे में हमें हमारे उन ख्वाबों को पूरा करने के लिए जो हमारा मार्गदर्शन करते हैं और अंधेरों में प्रकाश का काम करते हैं उनको हम कभी नहीं भूल सकते। मैं अपना संग्रह "ज़िंदगी मेरे घर आना" दो ऐसी शख्सियत **श्रीमती शहनाज खान** एवं **कैप्टन राज** को समर्पित कर रही हूं जिनकी सोच सदैव सकारात्मक रही है।।

शाहाना परवीन "शान"

अनुक्रमणिका

सम्पादकीय

मन में मेरे जो हैं शब्द

सुनने दो मेरे मन को।

शब्दों की भाषा में

बह जाने दो आज मन को।

करने दो बात आपस में इन शब्दों को।

रोको ना, टोको ना, खुलकर जी लेने दो इन शब्दों को।।

सुनो! क्या कहते ये शब्द?

दिल की गहराईयों में जाकर,

चुपके से सबको अपना बनाते ये शब्द।

अहसासो का आँचल थामें

धीरे से आगे बढ़ जाते हैं।

तन्हाईयों की उंगली पकड़ फिर ये गले लगाते हैं।

समझो अगर इन्हें,

सबके हमदर्द होते ये शब्द।

जो कह नहीं सकते होंठ/ लब,

वह सब कह देते ये शब्द।।

सभी सुधी पाठक गण को मेरा स्नेहिल नमस्कार....

मन की बात यदि किसी को कहना चाहते हैं तो सबसे अच्छा माध्यम लेखन है, जो ना केवल आपके हृदय की भावनाओं को प्रकट करता है बल्कि आपके शब्दों को नई उड़ान भी देता है।

मुझे बचपन से ही पढ़ने- लिखने में काफी रुचि थी। मैं कहानियाँ, बाल कविताएँ, बाल कथाएँ, लेख, आलेख, कविताएँ, संस्मरण, आलोचना, समीक्षा आदि पढ़ा करती थी और उनपर विचार भी करती थी। मेरी इस रुचि को लेखन के क्षेत्र में आगे बढ़ाया मेरे पिता श्री यूसुफ अली जी ने जो स्वयं भी लिखने में रुचि रखते थे। मेरे पिता जी कोई कवि या लेखक नहीं थे परंतु उन्हें भी लेखन करना अच्छा लगता था। मेरे पिताजी को जब मेरे लेखन में रुचि के विषय में पता लगा तो उन्होंने मेरा मार्ग दर्शन करना शुरू कर दिया। मुझे इस क्षेत्र में आगे बढ़ने के लिए प्रेरित किया। आज अपने पिताजी के कारण ही मैं अपने इस सपने को पूरा करने में कामयाब हो पाई हूँ। पहले मैं शाहाना परवीन "शान" के नाम से लिखा करती थी परंतु कुछ परिस्थितियों के कारण मुझे "शान" उपनाम हटाना पड़ा था। परंतु आज मैं फिर से अपनी किताब में "शान" उपनाम को लेकर आई हूँ और एक बार फिर से अपनी कविताओं व कहानियों की शुरुआत शाहाना परवीन"शान" से कर रही हूँ।

"पिता के शब्द आज "शान" की हर रचना में शान के साथ रहते हैं,
पिता जी पास नहीं आज पर,
शाहाना की हर रचना में पिता महसूस होते हैं।
शब्दों को बिखरने नहीं देते पिता,
बचपन की तरह आज भी आकर थाम लेते हैं।
हृदय की धड़कन बन धीरे से मेरा हौसला बढ़ाते हैं।। "

मेरे पिता जी के आशीर्वाद व प्रेरणा से ही यह संभव हो पाया है कि मैं आज कई संकलन लिख पाई हूँ। "ज़िंदगी मेरे घर आना" काव्य व गद्य संग्रह आप सभी के समक्ष प्रस्तुत करते हुए मुझे अपार सुख की अनुभूति हो रही है। इस संग्रह में मैंने जीवन के विभिन्न पक्षों को उकेरने का प्रयास किया है। मैंने हर विषय पर लिखने का प्रयास किया है। जो विषय हमारे इर्द-गिर्द घूमते हैं, हमारे जीवन से सम्बंध रखते हैं उन्हीं पर लिखने की एक छोटी सी कोशिश का नाम है 'ज़िंदगी मेरे घर आना'। इस संग्रह के लिए मैं अपने परिवार, साहित्यिक मित्रों का धन्यवाद प्रकट करना चाहूँगी जिन्होनें इस काव्य को लिखने के लिए मुझे प्रेरित किया।

मैं आभार व्यक्त करना चाहूँगी तनीषा पब्लिकेशन का व उनकी पूरी टीम का, जिन्होनें मेरे अंदर हौंसले को बढ़ाया और मेरे संकलन को प्रकाशित करने में मुझे पूर्ण रुप से सहयोग दिया।

आप सबका सहयोग व स्नेह बना रहे आपका कोटि कोटि धन्यवाद।

शाहाना परवीन "शान"
मुजफ्फरनगर (उत्तर प्रदेश)

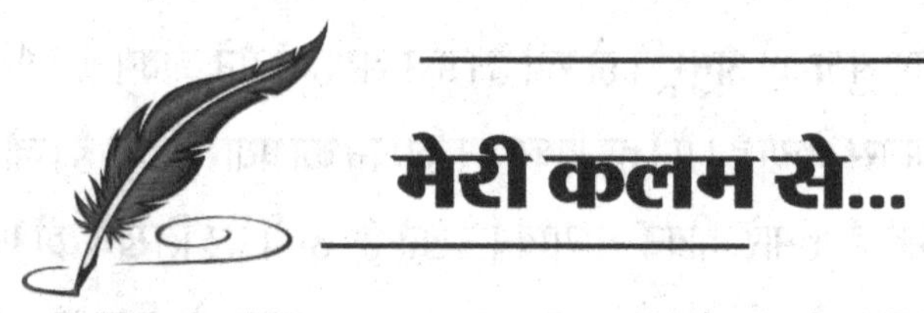

मेरी कलम से...

"ज़िंदगी मेरे घर आना"

इस वाक्य को अगर ध्यान से पढ़े तो एक नया अहसास हमारे अंदर प्रवेश करता प्रतीत होगा।

जी हाँ, "ज़िंदगी मेरे घर आना" सकारात्मकता से भरे ये शब्द हमें जीवन जीने के लिए प्रेरित करते हैं। हमें ज़िंदगी के उतार- चढ़ाव से अवगत कराते हैं। जब तक जीवन है तभी तक हम अपने कार्य कर सकते हैं। अपने सपनो को ऊचाइयों तक ले जा सकते हैं। बेहद कोमल और अपनत्व का अहसास कराने वाला यह वाक्य नई दिशा दिखाता प्रतीत हो रहा है।

इसका स्पर्श पाकर हज़ारों सकारात्मक विचार हमारे अंदर प्रवेश कर जाते हैं। जो नई शक्ति व ऊर्जा का संचार करते हैं। इस वाक्य ने मुझे अपनी ओर आकर्षित किया कोविड-19 के दौरान।

कोविड -19 के समय जब चारों और हा-हा-कार मचा हुआ था। लोग मर रहे थे। लाशें ही लाशें दिखाई दे रही थीं। मजदूरों द्वारा अपने घरों की ओर पलायन किया जा रहा था। परिवार टूट रहे थे। भूख, डर, खौफ, बेचैनी और चिंता ने लोगो को तोड़कर रख दिया था। ऐसे में केवल यही एक पंक्ति शेष थी जो प्रत्येक व्यक्ति को ज़िंदगी के प्रति एक उम्मीद

बांधे रखने में सहायक थी।

एक दिन अचानक मुझे एक समाचार मिला। जहाँ हमारा अपना घर है वहाँ ऐसे कई परिवार हैं जो कोविड के कारण मृत्यु को प्राप्त हो चुके हैं। उनमें से तीन- चार परिवार ऐसे थे जिसमें पुत्र की मृत्यु हुई कोविड के कारण, परंतु माँ यह दुख सहन नही कर पाई और अपने पुत्र के वियोग में हृदय गति रुकने के कारण उनका भी देहांत हो गया, अर्थात एक घर से दो शवों का एक साथ जाना उस परिवार के लिए कितना दुखदायी रहा होगा। जिन्होंने पिछली रात एक साथ बैठकर बातें की होगीं? जिन्होंने एक साथ भोजन खाया होगा। उनमें से कई ऐसे भी होगें जिन्होंने आने वाले कल के लिए कुछ तैयारियाँ भी की होगीं। उस समय जब मैनें यह समाचार सुना तो मेरे मन को एक झटका सा लगा और मन विचलित हो उठा। बार बार मस्तिष्क में उसी परिवार का ध्यान आता रहा।

दूसरी ओर एक परिवार, जिसमें माता – पिता दोनों को दिल का दौरा पड़ा उस वक्त जब कोविड के कारण उनके बेटें का शव भी उनको नहीं दिया गया। देना तो दूर शव को दिखाया तक नहीं गया। बहुत दर्दनाक क्षण था वो जब कोविड–19 आया था, जिसने शहर के शहर व गाँव के गाँव को अपना ग्रास बना लिया था। कोविड सांसो का खेल था। केवल एक सांस आई ज़िंदगी मिली, सांस नहीं आई तो मौत मिली।

कोविड में वह एक सांस इतनी कीमती थी कि लोग धन खर्च करने से भी पीछे नहीं हट रहे थे। जिसने जितना कहा धन खर्च कर सांसे खरीदी गई। उस समय अहसास हुआ कि ये सांसे वास्तव में बहुत अनमोल हैं।

एक सांस अगर उस वक्त कोविड मरीज़ को मिल जाती तो शायद उसके जीवन में एक खुशी लौट सकती थी जो नई ज़िंदगी कहलाने वाली थी।

यहीं से शुरूआत हुई मेरे नये संकलन की "ज़िंदगी मेरे घर आना"।

इसी एक पंक्ति ने मुझे इस संकलन को लिखने के लिए प्रेरित किया क्योंकि यही वे सकारात्मक शब्द थे जो कोविड के समय में सबसे अधिक महत्वपूर्ण थे, उस भयानक मृत्यु

के सामने एक चुनौती थे, जो सबको अपना शिकार बना रही थी और लोगो के मन में डर पैदा कर रही थी।

"ज़िंदगी,,,

ज़िंदगी मेरे घर आना

आना,,,,

ज़िंदगी ....ज़िंदगी ....,

मेरे घर आना....

आकर पास मेरे मुझे अपना बनाना,

ज़िंदगी मेरे घर आना।।

माना खामोशी तुझे मिलेगी,

तन्हाईयाँ तुझे भी डसेगीं।

फिर भी आकर मेरे घर में,

ज़िंदगी मुझे अपना बनाना

ज़िंदगी मेरे घर आना।।

सिमट गया जो अक्स मुझमे मेरा,

लिपट गया दामन मुझसे मेरा

मेरी पहचान जो हो गई गुम,

मुझे मेरी पहचान दिलाना।

ज़िंदगी मुझे अपना बनाना

ज़िंदगी मेरे घर आना।।

रास्ता कठिन मंज़िल दूर है,

काँटे बिछे राहों में चारों तरफ,

मिट्टी की उड़ती धूल है।

ऐसे में तू संभलकर आना।

ज़िंदगी मुझे अपना बनाना

ज़िंदगी मेरे घर आना।।

पत्थरों से करके दोस्ती

मैनें खुद को संभाला है।

नहीं कोई उम्मीद अब किसी से,

तेरे साथ का ही सहारा है।

मेरे पास धीरे से आना

ज़िंदगी मुझे अपना बनाना

ज़िंदगी मेरे घर आना।।

ज़िंदगी की ज़रूरत उस वक्त बहुत महसूस होती है जब हम बीमार, लाचार, मजबूर होते हैं। बीमारी में एक दवा का टुकड़ा भी हमें नया जीवन जैसा लगता है। सड़क पर अकेले होते हैं तो कोई अनजान चेहरा हमारे लिए अपना सा लगता है। यही है ज़िंदगी जो जब तक हैं तब तक हम जी रहे हैं।

मृत्यु के बाद कौन कहाँ, किसे क्या खबर?

यही कोविड–19 मेरे संकलन के शीर्षक को सार्थक बनाता है क्योंकि ज़िंदगी है तभी यह संसार है अन्यथा चारो ओर अंधकार ही अंधकार है।।

इस संकलन के माध्यम से मैं अपने सभी साथियों से यह प्रार्थना करना चाहूगीं कि

"ज़िंदगी एक बार मिलती है इसे खुश होकर जियो। क्या पता अगली सांस हमारे भाग्य में है भी या नहीं।।"

शाहाना परवीन "शान"

ज़िंदगी क्या है?

क्या है यह ज़िंदगी?

आखिर क्यूँ हम बार- बार इसका ज़िक्र करते हैं? क्यों हम बार बार इसकी ही बातें करते हैं?

अगर इस विषय में बात की जाए तो ऐसे अनेक पहलू सामने आ जायेगें जो ज़िंदगी के मायने ही बदल देगें। लोगों की सोच अलग, विचार अलग, यहाँ तक की ज़िंदगी को देखने, समझने का नज़रिया भी सबका अलग ही मिलेगा। ज़िंदगी ईश्वर का दिया वो अनमोल उपहार है जिसके लिए हम सभी को उनका धन्यवाद करना चाहिए।

ज़िंदगी है तभी हम हैं। तभी यह सारा संसार है। तभी पेड़- पौधे और यह प्रकृति है क्योंकि यही जीवन की पहचान है। अगर ज़िंदगी नहीं तो अंधकार ही अंधकार चारों तरफ होगा।

हम सभी ने बहुत से लोगो को यह कहते सुना है कि "ओफ्फो! जीवन बहुत कठिन है।"

दोस्तो! माना जीवन सरल नहीं है पर हमें सकारात्मक सोच रखते हुए इसे सरल बनाना होगा। हर चुनौती का सामना करते हुए आगे बढ़ना होगा।

आजकल मनुष्य अपने काम में इतना अधिक व्यस्त हो चुका है कि उसके पास परिवार के लिए तो क्या अपने आपके लिए भी समय नहीं है। वह बहुत व्यस्त रहने लगा है। उसे ज़िंदगी को सही ढंग से जीने का अवसर तक नहीं मिल पा रहा है। वह इसे बोझ समझकर एक ऋण की तरह जिये जा रहा है।

वह ज़िंदगी के खट्टे- मीठे अनुभवों से अनजान है।

आगे निकलने की होड़ में वह प्रत्येक क्षेत्र में केवल प्रतिस्पर्धा ही देख रहा है। यही लालसा उसे स्वयं से दूर और दूर करती जा रही है। उसके लिए केवल काम और काम ही

श्रेष्ठ रह गया है। ऐसे में वह ज़िंदगी की सुंदरता को भूलता जा रहा है। उसके सामने एक ऐसी ज़िंदगी खड़ी है जो प्रतियोगिताओं से लदी है और जिसे प्रत्येक परिस्थिति में जीतना है।

मानव, तू यह यह कैसे भूल गया कि ज़िंदगी है तभी ये सब कार्य हैं। ज़िंदगी है तभी दुख और सुख भी है। जीवित शरीर ही दुख- सुख, आग, पानी, स्वाद, रुप-रंग, अच्छा-बुरा, रात- दिन आदि महसूस कर सकता है मृत्यु के बाद जीवन में शेष ही क्या रह जाता है?

माना वर्तमान में कामयाब होना सबके लिए आवश्यक है परंतु मानव को यह सब समझना होगा और ऐसे में अपने लिए थोड़ा समय निकालकर, स्वयं के अंदर नई ऊर्जा और शक्ति को उत्पन्न करना होगा तभी वह सही ढंग से जीवन यापन कर पायेगा। ज़िंदगी बहुत छोटी है इसलिए इसे खुलकर जीने की कोशिश करनी चाहिए, ना कि बोझ समझकर।।

छोटी सी यह ज़िंदगी,

अजीब किस्सा है ज़िंदगी,

समझो तो बहुत कुछ,

ना समझो तो कुछ भी नहीं यह ज़िंदगी।।

हमेशा नहीं रहती साथ फिर भी,

सभी की आरज़ू है ज़िंदगी।

दिल की ख्वाहिशें बढ़ जाती,

जब हसाती यह ज़िंदगी।।

अजीब किस्सा है ज़िंदगी।

समझो तो बहुत कुछ,
ना समझो तो कुछ भी नहीं यह ज़िंदगी।।

खोने को नहीं कुछ बाक़ी
जो पास है वह भी चला जायेगा।
मत कर आरज़ू किसी की,
कुछ हाथ में नहीं रह पायेगा।
फिर भी एक आस है ज़िंदगी।

अजीब किस्सा है ज़िंदगी।
समझो तो बहुत कुछ,
ना समझो तो कुछ भी नहीं यह ज़िंदगी।।

लम्हों की बातें गुम हो जाती हैं,
तन्हाईयाँ फिर घर कर जाती हैं।
खिंच गई दीवारें खामोशियों की,
फिर भी एक इंतज़ार है ज़िंदगी।

अजीब किस्सा है ज़िंदगी।
समझो तो बहुत कुछ,
ना समझो तो कुछ भी नहीं यह ज़िंदगी।।

मेरे घर आना ज़िंदगी

तुझसे बात करनी हैं ढेर सारी,
कुछ शिकायते करनी है तुझसे,
कुछ सुनानी है अपनी कहानी।।

अजीब किस्सा है ज़िंदगी।
समझो तो बहुत कुछ,
ना समझो तो कुछ भी नहीं यह ज़िंदगी।।

अगर हम करीब से देखें तो बेहद खूबसूरती से इस जीवन को रचा गया है। जब तक यह साथ है तब तक हमारी सांसे हमारे पास हैं। जो हमें जीवन का अहसास कराती हैं। ईश्वर ने हमे सबकुछ दिया है पेड़-पौधे, प्रकृति, नदियाँ, सागर, तालाब, धूप, छाँव,पशु, पक्षी, पत्ते, हवा, पानी आदि। इन्हीं सबसे जो ऊर्जा हमें प्राप्त होती है वही हमारे जीवन को आगे बढ़ाने में सहयोग करती है। यही ऊर्जा हमारे भीतर रहती है और हमें ज़िंदगी के सही वअर्थ को बताती है।।

जीवन एक यात्रा है,
जिसमें हम सब यात्री हैं।
हम सभी पाना चाहते हैं अपना गन्तव्य,
जो कठिन परिश्रम से हमे मिलेगा।

लगन और उत्साह से हमारा
जीवन सफल होगा।

एक दिन हमें हमारा गन्तव्य मिल जाता है।
जो हमें सुख व शांति की
अनुभूति कराता है।।

ज़िंदगी मेरे घर आना
मेरी सांसो में बसकर
मुझे सही मार्ग दिखाना,
मेरा हौंसला बढ़ाना,
ज़िंदगी मेरे घर आना।।

लोग क्या कहेंगे?

सफलता में सबसे बड़ी बाधा जो किसी को आगे बढ़ने नहीं देती और कुऐं के मेढक की भांति जकडकर रखती है।

वह है यह वाक्य "लोग क्या कहेंगें? "

इस समय एक गीत ध्यान में आ रहा है राजेश खन्ना और शर्मिला टैगोर पर फिल्माया गया था।

"कुछ तो लोग कहेंगे, लोगों का काम है कहना,
छोड़ो बेकार की बातों को कहीं बीत ना जाए रैना।। "

बिल्कुल सही कहा गया है गीत में कि मनुष्य को अपना काम करते रहना चाहिए। कभी किसी की परवाह नहीं करनी चाहिए। जिस तरह यह ज़िंदगी कभी किसी का इंतज़ार नहीं करती, ठीक उसी प्रकार यह समय भी किसी के लिए नहीं ठहरता।

ना यह वक्त रुकता है किसी के लिए,
ना ज़िंदगी मिलती है दौबारा।
मानव! तू जो करना चाहता है, कर ले अपने काम पूरे,
कर ले पूर्ण मन की इच्छा।।

आप सभी ने अपने इर्दगिर्द ऐसे बहुतो को देखा होगा जो अपने काम को आगे टालते रहते हैं 'कि चलो कोई बात नहीं कल यह काम पूरा करें लेगें।' जबकि हममें से कोई नहीं जानता कि एक क्षण में क्या हो जाए?

जो लोग समाज से डरकर अपने कामो को करने से पीछे हट जाते हैं या लोगों के डर से सही समय पर सही निर्णय नहीं ले पाते, वह जीवन भर पछताते रहते हैं। उनके मन में कहीं ना कहीं यह अफसोस रहता है कि काश! हमने हिम्मत दिखाई होती? पर कुछ लोग हिम्मत दिखाकर लोगों की परवाह ना करते हुए अपने गन्तव्य को प्राप्त भी कर जाते हैं। हम मानते हैं कि शुरू में परिवार या समाज की थोड़ी नाराज़गी दिखाई पड़ती है पर समय के साथ वह नाराज़गी सहमति में बदल जाती है।

रोहित ने कॉलेज के समय एक लड़की सुकन्या को पसंद किया था। सुकन्या रोहित से एक क्लास पीछे थी। बहुत सुंदर, संस्कारी लड़की थी सुकन्या, जैसा नाम वैसे ही गुण। पर, एक समस्या थी कि वह रोहित की तरह ब्राह्मण नहीं थी वह ठाकुर परिवार की पुत्री थी। जो रोहित के परिवार वालो द्वारा ठुकराई जा सकती थी। ऐसा रोहित का विचार था। पर रोहित फिर भी उसे दिल से पसंद करता था। सुकन्या से जब रोहित ने इस विषय में बात की, तो सुकन्या भी उसे मन से चाहती थी पर उसके सामने भी वही समस्या थी जो रोहित के मन में थी जाति वाली। खैर, समय आगे बढ़ा अब नौकरी आदि के सिलसिले में कुछ साल रोहित और सुकन्या को अलग रहना पड़ा। पर फिर भी दोनो एक दूसरे के सम्पर्क में ही थे। बातें होती रहती थीं दोनों की आपस में। ट्रेनिंग के बाद रोहित की एक अच्छी कम्पनी में नौकरी लग गई। रोहित को नौकरी के लिए दूसरे शहर जाना पड़ा। पर इस बीच भी उसने सुकन्या से बात करना नहीं छोड़ा। पर, रोहित समाज के डर से यह बात अपने परिवार वालो से कहने में हिचकिचा रहा था कि सुकन्या को वह पसंद करता है। "लोग क्या कहेगें?" यही वह डर है जो एक पिशाच की भांति मनुष्य के मन- मस्तिष्क को अपने नियंत्रण में कर लेता है।

दूसरे शहर चले जाने के बाद रोहित के माता पिता को रोहित की चिंता सताने लगी। रोहित शहर में अकेला रहता था इस कारण माता पिता के मन में डर बैठ गया कि कहीं किसी लड़की के चक्कर में ना पड़ जाए? जब रोहित छुट्टियों में घर आया तो उन्होंने रोहित

के सामने विवाह का प्रस्ताव रखा। रोहित हक्का-बक्का रह गया कि अब क्या करे? सुकन्या के बारे में बताए या नहीं? इसी असमंजस में रोहित परेशान सा रहने लगा और सप्ताह भर तक उसे नींद नहीं आई। उसने सुकन्या से इस विषय में बात की तो उसका उत्तर सकारात्मक था। वह बोली,"आज नहीं तो कल पता चल ही जायेगा। एक कोशिश करके देखते हैं शायद परिवार वाले मान जाएँ?" रोहित की हिम्मत बिल्कुल भी नहीं हो पा रही थी कि वह कुछ कह पाता। बिना कुछ कहे रोहित अपनी नौकरी पर वापिस शहर लौट गया। अब दशहरे पर कम्पनी की तरफ से तीन छुट्टियाँ रोहित को मिली। वह फिर घर आया तो माता पिता ने आते ही उसके हाथ में विवाह के लिए लड़कियों की कई फोटो थमा दी। रोहित ने बे-मन से वह फोटो मेज़ पर रखी और अपने कमरे में फ्रैश होने चला गया। उसकी छोटी बहन पिंकी यह सब देख रही थी। उसने बिना देर किए भाई के लिए कुछ स्नैक्स तैयार किए और चाय के साथ उसके कमरे में लेकर पहुंच गई।

"कैसे हो भैया आज तो आपने मुझे भी हाय, हैलो कुछ नहीं बोला क्या बात है?"

"कुछ नहीं पिंकी, ... बस ऐसे ही सिर भारी सा हो रहा है।"

"लो पहले चाय पीयो .... और यह स्नैक्स खाओ। मैने बनाए हैं अपने भैया के लिए।"

चाय पीकर रोहित को काफी रिलैक्स महसूस हुआ। पिंकी ने अवसर देख रोहित के मन की बात जाननी चाही पर रोहित टाल-मटोल करता रहा।

जब रोहित ने पिंकी को कुछ नहीं बताया तब पिंकी ने कहा,-" भैया, आप तो शायद मुझे कुछ नहीं बताओगे पर मैं अपने दिल की बात आपको बता रही हूँ।" रोहित आश्चर्य से भर उठा और तकिया अपनी पीठ पर सही ढंग से लगाते हुए बोला,-"हाँ! पिंकी बोलो क्या बात है?"

"भैया!..... मैं अपने कॉलेज के एक लड़के को पसंद करती हूँ वह भी मुझे लाइक करता है।"

"हम्म......"

"हम शादी करना चाहते हैं।"

"तो इसमे परेशानी क्या है? ...... मुझे मिलवाओ उस लड़के से। मैं उसके घरवालो से बात करके मम्मी पापा को बोल दूगां।"

"भैया, वो तो ठीक है पर वह लड़का हमारी कास्ट का नहीं है।"

इतना सुनते ही रोहित को सुकन्या याद आ गई।

"वह पंजाबी लड़का है भैया। पर मैं शादी करूगीं तो सिर्फ गुरमीत ही से वरना किसी से नहीं करूगीं।"

इतना आत्मविश्वास अपनी बहन में देखकर रोहित को खुद पर शर्म सी आने लगी कि वह आज तक अपने दिल की बात किसी से नहीं कह पाया और पिंकी ने अपने भाई को अपने दिल की बात कह भी दी। रोहित ने पिंकी को आश्वासन देते हुए कहा कि वह गुरमीत से मिलना चाहता है। पिंकी खुश हो गई और रोहित को गुरमीत से मिलवाने के लिए तैयार भी।

इसी बीच जब रोहित सुकन्या से मिला तो उसने सुकन्या को यह सब बताया। वह हसकर बोली, –"वाह, पिंकी तो तुमसे ज्यादा समझदार निकली। अब जाओ और बात करो हमारे बारे में भी, अपने मम्मी– पापा से।"

रोहित ने अपने व पिंकी के विषय में अपने माता पिता से बात की। घर में काफी हंगामा खड़ा हो हुआ।

रिश्तेदारों तक बात पहुचीं। चाचा ताऊ आए और बोले, –" हमारे खानदान में आज तक किसी ने भी गैर–बिरादरी में शादी नही की यहाँ तो दोनो बच्चे ही बिगड़े हुए हैं।"

बुआ बोली, "समाज क्या कहेगा? लोग क्या कहेंगें? सब तो यही सोचेगें कि इन में कोई कमी होगी जो इनके धर्म में कोई नहीं मिला तभी बाहर के धर्म में घुस गये दोनो भाई बहन।"

"छी....छी....मुझे तो शर्म आ रही है भाईसाहब। ...हमारे भी बच्चे हैं सबने हमारी

इच्छा से ही विवाह किया है पर पता नहीं आप लोगों के बच्चे किस तरह से ऐसा कर्म कर बैठे?"

रोहित कब तक यह सब ड्रामा देखता? मुँह तो खोलना ही था। जवान लड़का था रोहित। उसे बीच में बोलना पड़ा," बुआ जी, माफ करना, एक बात बताइये, हम भाई बहन ने आखिर ऐसा क्या अपराध किया है? .....कुछ भी तो नहीं। सिर्फ प्यार किया है। प्यार करना कोई अपराध नहीं।"

"पर बेटा हमारी बिरादरी में भी तो लड़के लड़कियाँ हैं फिर बाहर क्यों जाना?"

"बुआ जी, प्यार कभी धर्म, जाति नहीं देखता वह एक अहसास है जो खुद- ब- खुद हो जाता है।"......

"हम दोनों भाई बहन बाहर भी तो जाकर शादी कर सकते थे। आप लोगों से छुपकर कहीं दूर जा सकते थे पर नहीं गए हम। हमने आप लोगो से अपने मन की बात शेयर करना उचित समझा।"

"क्या कसूर है हमारा?"

रोहित की माँ और ताऊजी को यह बात समझ में आ गई कि कम से कम बच्चों ने कोई गलत कदम तो नहीं उठाया। हमें बताया तो है। बहस होते होते सहमति में बदल गई और रोहित व पिंकी के रिश्ते की बात निकल पड़ी। दूसरे पक्ष में भी काफी विरोध किया गया पर बैठकर समस्या का हल निकाला गया और अंत में दोनों पक्षो की समान सहमति से पिंकी और रोहित का विवाह अपनी मनपसंद के जीवनसाथी के साथ हो गया।

आज रोहित बहुत खुश है सुकन्या के साथ विवाह करके। अगर वह समाज की परवाह करता, लोगो के बारे में सोचता तो आज अपने मनपसंद साथी के साथ नहीं रह सकता था। सुकन्या और रोहित ने पिंकी का विवाह उसके पसंद के लड़के से करवा दिया और आज वह भी बहुत सुखी जीवन व्यतीत कर रही है।

लोग क्या कहेंगें? अगर इसी कशमकश में रोहित पड़ा रहता तो आज ना वह खुश

रहता, ना सुकन्या और ना ही परिवार के सदस्य।

जो कहता है मन....
कर डालो दोस्तों!
ना करो परवाह किसी की
यह समाज बना हम सभी से
ना करो चिंता किसी की।
जो अच्छा लगता है,
करो काम वही।
ना करो परवाह लोगो की।
ज़िंदगी लौटकर आती नहीं दौबारा
सपने करो पूरे अपने,
ना करो परवाह किसी की।।
अंत में मैं यही कहूगीं कि
यह बात हमेशा ध्यान में रखो,

अपनी ज़िंदगी को बोझ मत समझिये बल्कि जिंदगी का आनंद उठाते हुए जिंदगी का सफर तय कीजिए।

कोशिश करते रहिए
क्या पता तुम्हारी मंज़िल
तुम्हारे सामने खड़ी हो।

जाते हुए लोग रुलाते बहुत हैं

'किसी के जाने से खत्म नहीं होती दुनिया' यह कहावत आप सबने सुनी ही होगी। यह सच भी है। जीवन चलने का नाम है जिसे कोई रोक नहीं सकता, ना ही इस पर नियंत्रण किया जा सकता। जब हमारा कोई खास परिचित मृत्यु को प्राप्त हो जाता है तो हम बेचैन हो उठते हैं। हमें लगने लगता है कि अब हम जी नहीं जी पायेगें। ऐसे में हम बार बार ईश्वर से यही प्रार्थना करते हैं जल्दी से हमें भी अपने पास बुला ले या कभी- कभी मन से यह शब्द निकलते हैं "जब लेना ही था तो दिया ही क्यूँ? " इसका उत्तर यही है कि संसार में कोई भी वस्तु स्थायी नहीं है। एक दिन सबको यहाँ से जाना है कोई जल्दी चला जाता है तो कोई देर से, पर जाता ज़रूर है। इस दुख – रंज को मनुष्य के मन के सकारात्मक विचार ही समाप्त कर सकते हैं।

एक कविता की कुछ पक्तियाँ याद आ गई..।।
शीर्षक भी है ....जाते हुए लोग

क्यूँ इस कदर रुलाते हैं?
ये जाते हुए लोग।
बनाकर अपना क्यूँ छोड़ जाते हैं?
ये जाते हुए लोग।
ज़िंदगी तन्हा रह जाती है इनके पीछे
क्यूँ आखों में आँसू ले आते हैं?
ये जाते हुए लोग।
क्यूँ इस कदर रुलाते हैं?

ये जाते हुए लोग ।।
अगर बिछड़ना ही है इनको
मिलते हैं क्यूँ?
यादें बनने के लिए ये
आते ही हैं क्यूँ?
सामने आकर क्यूँ गायब हो जाते हैं?
ये जाते हुए लोग ।
क्यूँ इस कदर रुलाते हैं?
ये जाते हुए लोग ।।

ज़िंदगी शिकायत तुझसे नहीं,
जानती हूँ तेरा कसूर नहीं ।
तेरा नाम तो हैं देना नया जीवन,
बीच राह छोड़ जाते हैं तन्हा क्यूँ?
ये जाते हुए लोग ।
क्यूँ इस कदर रुलाते हैं?
ये जाते हुए लोग ।।

मुकाम के लिए जो तरसते थे कभी
दर दर भटकते फिरते थे कभी ।
आज पास से भी पहचानते नहीं,
मुकाम मिलते ही क्यूँ बदल जाते हैं?
ये जाते हुए लोग ।

क्यूँ इस कदर रुलाते हैं?
ये जाते हुए लोग।।

हमारी ज़िंदगी में हम सभी किसी एक से नहीं बल्कि अनेक लोगो से जुड़ते हैं जो हमारे साथ वक्त गुज़ारते हैं। उनमें से कुछ लोग ऐसे भी होते हैं जिनसे हमारा मार्ग दर्शन होता है और कुछ ऐसे भी जिनका हम स्वयं मार्ग दर्शन करते हैं।

विकास कॉलोनी में रहने वाले गुप्ता जी प्रतिदिन बगीचे में टहलने आते हैं। रिटायरमेंट के बाद अब घर ही में बेटे- बहू के साथ समय व्यतीत कर रहे हैं। पत्नी आशा और गुप्ता जी दोनों ने कभी अपनी ज़िंदगी को समेटकर नहीं रखा। जहाँ आशा जी आज भी अपनी सहेलियों से भरपूर मन व स्नेह से मिलती हैं वहीं गुप्ता जी के कई मित्र आज भी उनके साथ गपशप करते मिल जायेंगे। इन दोनो ने कभी यह नहीं सोचा कि हाय अब हम क्या करेंगे? रिटायर हो चुके हैं। अब कुछ शेष नहीं जीवन में।

सकारात्मक सोच ने आज आशा जी और गुप्ता जी को एक एन.जी.ओ. का मैम्बर बना दिया। इनका समय भी आराम से व्यतीत हो रहा है और बेटे-बहू पर यह कोई बोझ भी नहीं हैं। अपने कार्यों के कारण अधिकतर घर से बाहर रहते हैं जब समय मिलता है मित्रों के साथ वक्त गुज़ारते हैं।

गुप्ता जी का कहना है ज़िंदगी एक बार मिलती है। कोशिश करो जब तक शरीर में शक्ति है इसे खुलकर जीओ।। उनकी इस सकारात्मक सोच ने उनके जैसे अनेक रिटायर्ड लोगों को जीना सिखा दिया। जो रिटायरमेंट के बाद दुखी हो चुके थे और स्वयं को संभाल पाने की स्थिति में भी नहीं थे।

ज़िंदगी आहिस्ता चल
कुछ काम रह गए जो अधूरे

पूरे करने हैं उन्हें।।

ज़िंदगी आहिस्ता चल
कुछ घाव हैं जो अभी हरे
भरना है उन्हें।।

ज़िंदगी आहिस्ता चल
दुख के बादल जो छाए
छटाना है उन्हें।

ज़िंदगी आहिस्ता चल
कुछ ख्वाहिशे देख रही राह मेरी
पूरा करना है उन्हें।।

ज़िंदगी आहिस्ता चल
झूठे नकाब चेहरो पर जो सजे
हटाना हैं उन्हें।।

सकारात्मकता से भरपूर जीवन बहुत सुंदर लगता है सोच सही हो और परिश्रम साथ, फिर मनुष्य क्या नहीं कर सकता।

ज़िंदगी मेरे घर आना
रूकना नहीं,,,

ना कोई बहाना बनाना।

ज़िंदगी मेरे घर आना।।

सकारात्मक कदम व सकारात्मक सोच दुनिया बदल सकती है।।

अजीब किस्सा है ज़िंदगी

अजीब किस्सा से तात्पर्य यहाँ पर यह है कि 'ज़िंदगी कभी एक जैसी नहीं होती।' हम यह भी कह सकते हैं कि इसके कई प्रकार होते हैं। सब लोगो के अपने-अपने जीवन को जीने का व देखने का नज़रियाँ अलग तरह का होता है। कोई ज़िंदगी को बहुत प्यार करता है तो किसी के लिए ज़िंदगी कोई ख़ास सी प्रतीत नहीं होती। कोई जीवन को भगवान की सुंदर कृति कहता है तो कोई इसे मजबूरी समझकर व्यतीत कर रहा होता है। फिर भी सकारात्मकता के साथ जो इसे जीता है वही इससे खुश रहता है।

बहुत से लोग अपनी पसंद का कोई काम करना चाहते हैं परंतु समाज के डर से वह नहीं कर पाते ऐसे में जीवन भर उनके मन में एक ग्लानि भर जाती है कि," काश हमने उस समय वह काम कर लिया होता।"

कोई भी काम आपके फैसले या खुशी से बड़ा नहीं होता। जो अच्छा लगता है उसे पूरा कीजिये। आज का लिया हुआ फैसला क्या पता कल आपकी ज़िंदगी का सबसे खूबसूरत फैसला साबित हो?

याद रखिए! हम किसी को बदल नहीं सकते। दूसरो को बदलने से बेहतर है कि खुद में बदलाव ले आएँ फिर हम देखेगें कि किस तरह सफलता हमारे पीछे दौड़ेगी।

अजीब किस्सा है ज़िंदगी,

ना जाने किसका हिस्सा है ज़िंदगी?

हमेशा नहीं रहती साथ फिर भी

सभी की आरज़ू है ज़िंदगी।

अजीब किस्सा है ज़िंदगी।

खोने को नहीं कुछ बाक़ी

जो पास है एक दिन चला जायेगा।

मत कर आरज़ू किसी की,

कुछ हाथ में नहीं रह जायेगा।

फिर एक आस है ज़िंदगी।

अजीब क़िस्सा है ज़िंदगी।

लम्हों की बातें गुम हो जाती हैं,

तन्हाईयाँ घर कर जाती हैं।

खिंच गई दीवार खामोशियों की,

फिर भी एक इंतज़ार है ज़िंदगी।

अजीब क़िस्सा है ज़िंदगी।

जो मनुष्य समझ गया कि जीवन क्या है और हमारे जीवन का उद्देश्य क्या है? वह कभी भी जीवन को बोझ या भार समझकर नहीं जियेगा।

मित्रों! अपने स्वप्नों को पूरा करो। प्रत्येक दिन एक नया सवेरा लेकर आता है। यह सोचो जो है आज ही है कल कभी नहीं आयेगा।

सुंदर कृति ईश्वर की

जो मिलती वरदान में।

मानव ना हो निराश तू

ज़िंदगी जी तू शान से।

जी हाँ दोस्तों! ज़िंदगी एक ऐसा अजीब किस्सा है जो या तो समझ मे नहीं आता पर यदि एक बार हम इसे ठीक तरह से समझ गये तो एक सकारात्मक सोच हमारे साथ सदैव रहने लगेगी और हम अपने इस अनमोल जीवन को खट्टी मीठी बातो व यादों के सहारे बहुत अच्छी तरह से व्यतीत कर पायेगें।

ज़िंदगी को दोष मत दो

ना ठहरो ना रुको, ज़िंदगी चलती रहती है। जीवन है तभी यह संसार है अन्यथा सबकुछ अंधकार हैं।

ईश्वर ने सबको ज़िंदगी जीने के लिए दी है और कुछ लोग हैं जो इसे जीना ही नहीं चाहते। बात-बात में ज़िंदगी को भला-बुरा कहते रहते हैं। कोई काम खराब हो जाए तुरंत ज़िंदगी पर आरोप लगा देते हैं। कुछ लोग स्वयं गलती करते हैं और जब वह पकड़े जाते हैं तो अपनी गलती स्वीकार नहीं करते बल्कि ऐसे में भी झूठे आँसू आँखो में लाकर सारा दोष जीवन व भाग्य पर मढ़ देते हैं। कुछ ऐसे युवाओ को देखा गया है जो कहीं नौकरी कर रहे है परंतु संतुष्टि उनके चेहरे पर दिखाई नहीं देती। ऐसे में भी वे ज़िंदगी को ही आरोपित करते हैं।

तब वह ज़िंदगी के बारे में कहते हैं कि, "मेरा तो जीवन ही बेकार है।" कोई उनसे पूछे कि बताओ गलती तुम्हारी, निर्णय तुम्हारा, फिर जीवन का इसमें क्या दोष? हमें यह नहीं भूलना चाहिए कि ज़िंदगी हमारे लिए एक वरदान है जो हम मनुष्यों को ईश्वर के द्वारा प्राप्त हुआ है। इस संसार में हम सभी यात्री हैं और अपने कर्मों को पूरा कर यहाँ से दूसरे सफर के लिए निकल जायेंगे। इसमें ज़िंदगी हमारा पूरा साथ देगी अंत तक।

हमें सकारात्मक सोच के साथ अपनी इस यात्रा को पूरा करना चाहिए और आगे बढ़कर जीवन में सफल होने का प्रयास अवश्य करना चाहिए। तभी हमारा जन्म सफल होगा और हमें अंत तक इस बात का अफसोस नहीं होगा कि हमने अपने जीवन में कुछ अच्छा काम नहीं किया। ज़िंदगी हर किसी को एक अवसर ज़रूर देती है पर कुछ लोग उसका सही उपयोग करते हैं और कुछ लोग उसे व्यर्थ गवा देते हैं।

सकारात्मक सोच के साथ आगे बढ़कर किसी भी अवसर को हम अपनी जीत बना सकते हैं।

जीवन एक यात्रा है
जिसमें हम सब यात्री हैं
हम सभी अपने- अपने
गन्तव्य को पाना चाहते हैं।
कठिन परिश्रम और लगन से
हमें हमारा गन्तव्य मिल जाता है।
जो हमें सुख व शांति की
अनुभूति कराता है।।
जीवन की डोर बंधी सांसो से
इन सांसो से हमें अपने
सपनो को सजाना है।
अच्छे कर्मों से जग में नाम कमाना है
ज़िंदगी मिलती एक बार
इसे भरपूर रुप से जीना है।।

मुस्कुराते रहो

जिंदगी रफ्तार से आगे बढ़ती रहती है। किसी के कहने से यह नहीं रुकती, ना ही रोकी जा सकती। आपने भी देखा होगा कि हमारे परिवार या समाज में कुछ लोग ऐसे भी होते हैं जो हमेशा अपना दुखड़ा रोते रहते हैं। उन्हें किसी से कोई मतलब नहीं रहता। वह केवल अपने बारे में ही सोचते हैं। ऐसे लोगो को कोई पसंद नहीं करता।

विमला एक ऐसी ही महिला है जो सबकुछ होते हुए भी गरीब होने का रोना रोती रहती है। उसके पति रवि की जूतो की अपनी दुकान है। अच्छा कमा लेता है रवि और वह अपनी कमाई से संतुष्ट भी रहता है पर विमला आए दिन गरीबी का ढोंग कर सबके सामने दुखी होने का दिखावा करती है कि उनकी आर्थिक स्थिति सही नहीं है। दूसरी तरफ उसकी देवरानी कविता जो अधिक अमीर नहीं है। उसका पति सुभाष टेलर है और कपड़े सिलता है। उनकी अपनी दुकान नहीं है किराए की है पर फिर भी कविता के चेहरे पर सदा मुस्कान खिली रहती है।

कविता अपने पति और बच्चों के साथ थोड़े में ही बहुत प्रसन्न दिखाई पड़ती है। पड़ोसी कविता को बहुत पसंद करते हैं। पर उसकी जेठानी से कोई ढंग से बात भी नहीं करना चाहता क्योंकि वह किसी बात का सही जवाब भी नहीं देती। अगर हाल भी पूछोगे तो विमला का रुखा सा जवाब होगा, "अब क्या बताऊँ, बहन? घर में पैसे नहीं हैं और रवि का काम काज भी ठीक-ठाक सा ही चल रहा है। " बार बार ऐसी बातें सुनकर पड़ोस की महिलाएँ विमला से दूरी बनाने लगी हैं और उधर कविता ने अपनी मुस्कान से सबका दिल जीत लिया।

कविता का कहना है, जीवन एक बार ही मिलता है इसे रोकर व्यर्थ ना गवाओ बल्कि हर परिस्थिति में खुश रहने का प्रयास करो। यदि कोई व्यक्ति दुखी है भी तो उस दुख को परमात्मा पर छोड़ दो। जिसने हमें जन्म दिया है वही इस दुख से हमें मुक्ति भी दिलायेगा।

कभी यूँ भी तो बेमतलब
मुस्कुरा लिया कीजिये।
क्या पता कल ये समां
रंगीन हो या ना हो?
ज़िंदगी मिलती है सिर्फ एक बार,
न जाने कल यह समां फिर हो या ना हो?

कभी यूँ भी तो मेरी गली
कदम बढ़ा लिया कीजिए।
क्या पता कल फिर
हम यहाँ हों या ना हो।
ज़िंदगी मिलती है सिर्फ एक बार,
न जाने कल यह समां फिर हो या ना हो?

हाथों मे हाथ लेकर मेरा
सहला लिया कीजिये।
क्या पता कल ये हाथ
आपके हाथो में हो या ना हो?
ज़िंदगी मिलती है सिर्फ एक बार
न जाने कल यह समां फिर हो या ना हो?

कभी यूँ भी तो बातें
कर लिया कीजिये।

क्या पता कल यह वक्त
हमारे पास हो या ना हो?
ज़िंदगी मिलती है सिर्फ एक बार,
न जाने कल यह समां फिर हो या ना हो?

वक्त नहीं ठहरता किसी के लिए

वक्त बहुत अनमोल है जो कभी किसी के अधीन नहीं होता, ना ही हो सकता। वक्त को कोई अपने अधिकार में ले भी नहीं सकता और वक्त कभी किसी का गुलाम भी नहीं बन सकता। ज़िंदगी में वक्त की बहुत अहमियत है। अगर वक्त सही है तो ज़िंदगी खुद-ब-खुद सही होती चली जायेगी।

कभी कभी वक्त को सही रखना मानव के हाथ में भी होता है। उदाहरण यदि सड़क पर किसी व्यक्ति का कोई वाहन, समझ लीजिये कार किसी स्कूटर से टकरा जाती है और स्कूटर वाला क्रोधित हो जायेगा, ऐसे में कार वाले को शांत रहना चाहिए और जो भी स्कूटर वाले का नुकसान हुआ है उसकी भरपाई कर देनी चाहिए।

अगर कार वाले की गलती है तो क्षमा मांगने में भी कोई बुराई नहीं। इससे स्कूटर वाला नरम पड़ जायेगा और क्रोधित होना बंद कर देगा। इससे यह लाभ होगा कि वक्त खराब होने से बच जायेगा। कार वाले व स्कूटर वाले व्यक्ति दोनो का मूड खराब नहीं होगा और अपने कर्तव्य को पूरा कर दोनों वहाँ से चुपचाप चले जायेंगे। इससे दोनो पक्षों में बात आगे बढ़ने से बच जायेगी। तमाशा भी नहीं होगा।

कल्पना करके देखिए यदि हुआ इसके विपरित/ उलटा तो क्या होगा? कार वाले व स्कूटर वाले में लड़ाई-झगड़ा होगा। तू-तू, मैं-मैं होगी। ऐसे में लोगो की भीड़ एकत्र हो जायेगी। गाली-गलौज करने से इज्जत अलग खराब होगी और सबसे बड़ी बात पूरा दिन बर्बाद होगा वो अलग। क्या पता कार वाला किसी महत्वपूर्ण कार्य से कहीं जा रहा था या फिर स्कूटर वाला? दिन व वक्त तो दोनों का खराब हुआ। इस प्रकार के मामलो को शांति से सुलझाने में ही समझदारी है।

ज़िंदगी में वक्त की अहमियत बहुत खास है,

वक्त है साथ तो समझो सब साथ हैं।
ना गवा वक्त को मानव तू यूँ ही,
ज़िंदगी में वक्त का साथ बहुत खास है।।

ज़िंदगी के अर्थ के अनुसार, "सही लम्हों का सही उपयोग कर ज़िंदगी जीना बहुत महत्वपूर्ण माना गया है। जो व्यक्ति ज़िंदगी का अर्थ नहीं समझता वह सही ढंग से वक्त के अनुसार कार्य नहीं कर सकता।" जीवन चलने का नाम है निरंतर बिना रुके...बिना थमे।।

गहराई में समाकर,
जीवन का अर्थ समझ में आ गया,
आज मुझे ज़िंदगी का
सही अर्थ समझ में आ गया।
ना गवाओं एक भी लम्हा,
ये लम्हें बहुत कीमती हैं।
जी लो इन लम्हों को
यह वक्त कहाँ फिर
लौट कर आ गया?
अकेला आया है मानव और
अकेला ही चला गया।
कौन है ऐसा यहाँ जो
किसी का साथ पा गया?
नाराज़ ना हो ज़िंदगी से

तेरे हिस्से की खुशियाँ
तुझे मिलेगी एक दिन
तेरा समय भी आयेगा।
यह वक्त ठहर ना पायेगा।
जब तक पास हैं ये लम्हें
जी लो इन्हें भरपूर।
ना गवाओ एक भी लम्हा,
यह वक्त फिर कहाँ
लौट कर आ गया?

ज़ीस्त की मनमानी

यह ज़िंदगी अपनी तरह से चलती है। कब, कहाँ, क्या हो जाए? कोई कुछ नहीं कह सकता। बहुत से लोग छोटी सी परेशानी आने पर ही सारी दुनिया सिर पर उठा लेते हैं। शोर मचाते हैं बढ़ा चढ़ाकर दुनिया को अपनी कहानियाँ सुनाते हैं जिससे कि वे बाहरी लोगों से हमदर्दी बटोर सकें। पर क्या ऐसे हमदर्दी मिलने से समस्या समाप्त हो जाती है?

क्या उनके हृदय का दर्द कम हो जाता है?

क्या उन्हें मन की शांति मिलती है?

शायद नहीं.... क्योंकि यह दुनिया है जो सुनती सबकी है पर पीठ पीछे हसी उड़ाती है। आप कभी अपने सगे सम्बंधियों में भी यह बात नोटिस करके देख सकते हैं कि कौन आपके दुख को ध्यान से सुनेगा? कौन कोई उपाय बतायेगा? कितने यह कहेंगें कि वे आपके साथ है? ऊपर से अपमान होगा वो अलग। ऐसे में मनुष्य को चाहिए कि अपने दुखो को शो पीस की तरह किसी के सामने ना रखे बल्कि अगर आवश्यक हो तभी बताए अन्यथा अपनी परेशानियों का स्वयं हल निकालने का प्रयास करे।

दूसरी ओर समाज में ऐसे समझदार मनुष्य भी हैं जिनपर चाहे कितनी भी कठिनाई या परेशानियाँ आ जाए पर वह किसी को कुछ नहीं बताते क्योंकि कहीं ना कहीं वे यह बात अच्छे प्रकार से जानते हैं कि बताने से क्या होगा? कोई कुछ नहीं करेगा। लोग, रिश्तेदार सुनेंगें अफसोस करेंगें और चले जायेंगें।

इससे बेहतर यही है कि अपने दुखो को सहन कर स्वयं प्रयास करो कि वह किस तरह से दूर किए जा सकते हैं? यह ज़ीस्त है अपने हिसाब से चलेगी। यह किसी के अनुसार बदल नहीं सकती, ना ही बदली जा सकती। इसको सकारात्मक सोच के साथ जीने का प्रयास करो।।

ज़ीस्त की मनमानी पर कुछ पंक्तियाँ–

करते रहो बरदाश्त दर्द जब तक हो तुमसे,

एक दिन यही दर्द ताकत बन जायेगा।

ज़ीस्त को करने दो मनमानी जितनी भी,

एक दिन अहद तुम से दोस्ती कर जायेगा।

नाज़ुक बनकर ना जीओ चलो कांटो पर भी,

एक दिन इन्हीं काँटो में कोई फूल खिल जायेगा।

हर्फ कहते हैं अब ना कहो किसी से कुछ,

एक दिन यही हर्फ पूरी किताब बन जायेगा।

दहलीज़ पर खड़ी खुशी अंदर आना नहीं चाहती,

दुख में महसूस करो खुशी को,

दरवाज़ा खुद- ब -खुद खुल जायेगा।

रुदाद सुनकर मेरी तुम्हारी आँख क्यूँ भर आई?

एक दिन रुदाद ताकत बनकर सामने आ जायेगा।

ज़ीस्त – ज़िंदगी, अहद – समय, हर्फ –शब्द, दहलीज़ – डेहरी, द्वार, रुदाद – कहानी

ज़िंदगी में खुशी ढूंढो

खुश होने के लिए

बहानो की ज़रूरत

नहीं होनी चाहिए।

क्योंकि खुशियाँ मुश्किल से

आया करती हैं।

आने से पहले नहीं देती दस्तक

देर से आकर जल्दी

चली जाया करती हैं।

जब भी मिले मौका

जी लो हर पल को

ये मौके मिलते नहीं दौबारा।

ज़िंदगी से चली गईं जो खुशियाँ

फिर लौटकर नहीं

आया करती हैं।।

लॉकडाऊन के दौरान कुछ दिनों तक तो हम सबको बहुत अच्छा लगा कि हम अपने घरो में बैठे थे और अपने परिवार के साथ वक्त बिता रहे थे। सही भी था कुछ लोग तो ऐसे भी थे जो केवल रात के समय डिनर पर ही अपने परिवार से मिल पाते थे पर लॉकडाऊन ने सब के बीच नज़दीकियों को बढ़ाने में पूरा सहयोग दिया। जहाँ घर के काम केवल महिलाएँ किया करती थीं अब पुरुषों ने भी उनकी सहायता करनी शुरू कर दी थी। घर में ही ऑफिस आ चुका था। बच्चों की शिक्षा भी ऑनलाइन घर ही से हो रही थी। सबकुछ वैसा

ही था बस स्थान बदल गया था।

अब पुरुष व महिलाओं को नहा धोकर कपड़े बदलकर बाहर काम के लिए नहीं जाना था क्योंकि सब घर ही में हो रहा था। ऐसे में कुछ लोगों को यह सब ठीक लगा परंतु कुछ ऐसे भी थे जिनकी आमदनी प्रतिदिन के हिसाब से हुआ करती थी अर्थात रिक्शा चालक, ऑटो, सब्जी बेचने वाला आदि इन लोगो को काफी कठिनाइयों का सामना करना पड़ा। पर ऐसे में कुछ लोगो ने सामने आकर मजबूर लाचार लोगों व परिवारो की राशन व पैसे से मदद भी की। यहाँ तक की किसी छोटे बच्चे का जन्मदिन अगर आया तो घर ही के सामान से केक बनाकर उससे केक कटवाया गया और उसे खुशियाँ दीं गई।

आई मुशिकलें बहुत पर,

घबराए नहीं लोग।

कुछ ने समझा प्रकोप ईश्वर का,

पर, घबराए नहीं लोग।

जान गये थे यह परेशानी

नहीं केवल भारत की,

यह तो आई पूर विश्व मे

जान गये थे यह बात अब

सब लोग।।

दोस्तो! अगर ज़िंदगी हमें उदास करती है तो खुशी की वजह भी ज़िंदगी ही बनती है। मनुष्य को अपने दुखो के बीच अपने लिए नये मार्ग तलाशने चाहिए जो उसे प्रसन्नता के साथ नये उद्देश्य भी प्रदान करें और मनुष्य को यह बात सदा याद रखनी चाहिए कि खुशियाँ बहुत कम समय के लिए आती हैं इसलिए जिस भी कारण से मानव को खुशी मिलती हो

वह काम उसे कर लेना चाहिए। आपको एक किस्सा सुनाती हूँ लॉकडाऊन के समय की बात है। जब कोरोना काल में लॉकडाऊन चल रहा था। सबकुछ बंद था। कोई दुकान भी नहीं खुल सकती थी। दूध वाला भी सुबह 8:00 बजे से पहले दूध का बर्तन रखकर चला जाता था फिर हम उस बरतन को उठाने से पहले हाथों पर सैनीटाइजर लगाते थे फिर दूध अंदर लाते थे।

उफ्फ! बड़ी हैरान कर देने वाली परिस्थिति से हम गुज़र रहे थे। सारा कुछ बंद था। यहाँ तक की बाहर से सामान मंगाना हो तो दस बार सोचना पड़ता था। कोई दुकानदार भी पुलिस के डर से किरयाने का सामान नहीं दे पा रहा था। स्पैशल परमिशन लेकर हम दुकानदार से गेट के बाहर ही से खाने पीने का थोड़ा बहुत सामान पकड़ लेते थे। फिर उसे सैनीटाइज़ कर अंदर रखते थे। क्या करें हालात बहुत खराब थे। सबके साथ थे इसलिए अधिक महसूस नहीं हुआ। पर ऐसे में हम सबने हिम्मत नहीं हारी।

मेरी दोनो बेटियाँ तमन्ना और अलीशा ने हमारा पूरा साथ दिया। तमन्ना और अलीशा घर में रहकर ही पेंटिग्स बनाती थीं दोनो को संगीत में गहन रूचि है तो गाना आदि भी गाती रहती थीं। परीक्षाओं के तुरंत बाद ही लॉकडाऊन शुरू हो गया था तो अभी नई किताबे व कोर्सेस भी नहीं थे, जो बेटियाँ पढ़ लेतीं। इसलिए यह सब गतिविधियां करने का अवसर उन्हें मिल गया था। बात है सन 2020 की, 1 मई को मेरी छोटी बेटी का जन्मदिन आना था।

बाहर पार्टी के लिए हम नहीं जा सकते थे और कहीं बाहर से कुछ केक आदि भी नहीं मंगा सकते थे। स्वास्थ्य व सुरक्षा को ध्यान में रखते हुए हमने अधिक कोशिश भी नहीं की कि हम बाहर से कुछ मंगाए। मेरी बड़ी बेटी ने घर ही में केक बनाने का विचार किया। मैंने देखा कि घर में चीनी, बिस्किट, दूध, ड्राई फ्रूट, फूड कलर सभी मौजूद है तो क्यों ना छोटी बिटिया के लिए घर ही में केक बनाया जाए, वो भी बिस्किट का।

बड़ी बेटी तमन्ना ने मेरी थोड़ी बहुत मदद लेकर वह बिस्किट वाला केक बनाया। उसने अपने हाथों से रात बारह बजे अपनी छोटी बहन को उपहार स्वरूप वह केक दिया। हम

सभी बहुत खुश थे कि बड़ी बहन ने बिस्किट की सहायता से स्वास्थ को ध्यान मे रखते हुए वह केक बनाया है। मुझे इस बात को देखकर और अधिक अच्छा लगा कि बच्चों ने उस पल में अफसोस नहीं किया कि सब बंद है बल्कि उस पल को एक साथ सैलिब्रैट किया। उस क्षण को भरपूर जिया। वह केक हमारे जीवन में हमेशा के लिए यादगार बन गया।

उस केक में दो बहनो का प्यार बसा था और माता पिता का भरपूर स्नेह और आशीर्वाद। हमने उस केक को नाम दिया "लॉकडाऊन केक", जो हमेशा हमारी यादो के साथ हमेशा जीवित रहेगा। लॉकडाऊन सबके लिए था। हमारे लिए भी था। उस दौरान सब एक समान थे। कोई छोटा- बड़ा नहीं था। सब घरो में बंद थे। ऐसे में अफसोस कर मातम बनाने से अच्छा था कि उस पल को हम सब, हर दुख दर्द भुलाकर जियें यही सही रहेगा।

जिंदगी में ढूढोगें खुशियाँ
खुशियाँ ही हाथ आयेगीं।
ले जायेगी उदासी दिल की
सबको शांति दे जायेगी।
हर पल को सकारात्मकता के साथ जियो
भरपूर जियो और मस्ती से जियो।
क्या पता कल का क्या हो ?
जो है आज ही है
यही सोचकर जियो।।

एक नया आरंभ ज़िंदगी

ज़िंदगी मनुष्य को अपने सपनो को पूरा करने का एक अवसर ज़रूर देती है। मनुष्य को घबराना नहीं चाहिए। ना ही हताश होकर बैठ जाना चाहिए बल्कि अपने रुके कार्य जो कभी किसी कारणवश टल गये थे या किसी मजबूरी के रहते पूरे नहीं हो पाए थे, ऐसे में जब भी समय मिले और उचित अवसर भी तो उन कार्यों को तुरंत पूरा करने का प्रयास अवश्य करना चाहिए। यह ज़िंदगी है दोस्तों एक बार ही मिलती है। कल का क्या भरोसा इस पल को जी लो।

शुरुआत है जीवन की

शुरुआत एक नई सुबह की

कर लो पूरे सपने अपने

ज़िंदगी आज

पर कहानी होगी कल की।।

दोहरायेगा समाज और

प्रशंसा करेगा देश

कार्यो की नई शुरुआत

कहेगी दास्तां सफलता की।।

शुरुआत है जीवन की

शुरुआत एक नई सुबह की

मधु और मनोज ने प्रेम विवाह किया था। दोनो के परिवार में इस विवाह को स्वीकृति भी मिल चुकी थी। मधु और मनोज एक ही आफिस में काम करते थे। शादी के बाद कुछ दिनों

के लिए मधु ने नौकरी छोड़ दी थी कि बाद में फिर नये सिरे से नौकरी कर लेगी। ससुराल का नया माहौल, नये लोग यही सोचकर वह हर किसी को खुश करने मे लगी रहती थी। ससुराल के सदस्यों को खुश रखने के लिए मधु अपने आपको भी भुला चुकी थी। एक घरेलू महिला होकर रह गई थी। दस वर्षों में दो बच्चे भी हो गए थे।

सास- ससुर, देवर, नन्द सब मधु से खुश थे पर पति मनोज मधु से खुश नहीं रहता था। मधु समझ नहीं पा रही थी कि आखिर ऐसा क्या हुआ कि मनोज अब उससे नाराज़ सा रहने लगा है? एक दिन घर में कोई नहीं था। सभी किसी शादी समारोह में गए हुए थे।। मनोज को आफिस से छुट्टी नहीं मिली इसलिए मधु को भी उसकी वजह से घर ही में रुकना पड़ा।

मनोज आफिस से आया। मधु ने उसे चाय नाश्ता दिया। रात का खाना खाने और बच्चों को सुलाने के पश्चात मधु ने मनोज से खुश ना रहने का कारण पूछा। मनोज ने मधु से एक सवाल पूछा जिसको सुनकर मधु चुप हो गई। मनोज ने मधु से पूछा,-" क्या तुम खुश हो? "

"तुमने एमबीए किया है। तुम्हारे सपनो का क्या? "...
"तुम्हारे जीवन से मिठास धीरे धीरे खत्म होती जा रही है। तुम, सबका ध्यान रखती हो पर अपना नहीं। " मनोज सही ही तो कह रहा था। मधु शिक्षित थी। जब वह मनोज के साथ प्रेम में पड़ी थी बहुत बड़ी बड़ी बाते किया करती थी। उसने बहुत सारे सपने देखे थे पर विवाह के बाद सब खत्म। विवाह का अर्थ यह नहीं होता कि लड़की अपने अरमानो का गला घोंटकर दूसरो को खुशियाँ देती रहे। जब से मधु की शादी हुई थी सिर्फ ससुराल तक ही सीमित होकर रह गई थी। मनोज ने कभी उसे कुछ नहीं कहा। मनोज को लगता था कि एक दिन उसकी समझ मे खुद ही आ जायेगा कि उसका भी अपना एक अस्तित्व है अपनी एक पहचान है। दूसरे घर की बेटी भी एक बेटी ही होती है। बहू बन जाने के बाद उसका पद तो बदल जाता है पर माता पिता के लिए वह सदैव बेटी ही रहती है। अब मधु को मनोज की

नाराज़गी समझ में आ चुकी थी।

उसने मन ही मन स्वयं से यह वादा किया कि अब वह अपने आपको भी खुश रखेगी और बहू के उत्तरदायित्वों के साथ अपने सपनो को भी पूरा करेगी। उसने मनोज से कहा कि वह भी दौबारा आफिस जायेगी और अपने बचे सपनो को मनोज के साथ मिलकर पूरा करेगी।

ज़िंदगी एक नई शुरुआत सबको देती है। अब यह उस व्यक्ति के हाथ है कि वह उसे किस प्रकार उपयोग में लाता है।

हिसाब ज़िंदगी का

हिसाब ज़िंदगी का इस पर एक गीत गुनगुनाने का मन कर रहा है

कर्म किए जा .....फल की इच्छा....

मत कर ए इंसान।

जैसे कर्म करेगा

वैसे फल देगा भगवान।।

जी हाँ! बिल्कुल वास्तविक बात इस गीत में कही गई है। हमारे अच्छे कर्म हमेशा हमें अच्छा फल देंगें और बुरे कर्म बुरा।

एक कहावत आपने भी सुनी होगी...

"बोया पेड़ बबूल का तो आम कहां से होय"

संत कबीर के लिखे इस दोहे की यह पंक्ति यह दर्शा रही है कि "गलत काम का गलत नतीजा"। कोई भी व्यक्ति जैसा काम करता है उसे भी लौटकर वैसा ही काम मिलता है अब काम गलत हो या सही, उचित हो या अनुचित फल तो वैसा ही प्राप्त होगा जैसा उस व्यक्ति ने बोया है यानि की कर्म किया है।

हमारी फिल्म इंडस्ट्री में भी अच्छे/ बुरे कर्मों पर अनेक गीत और फिल्में बन चुकी हैं। लोग देखते हैं, सुनते हैं। कुछ देर, महीने, साल याद रखते हैं फिर भूल जाते हैं। जब हम कोई गलत काम करेंगें तो काम का प्रभाव भी गलत ही होगा। ऐसे में हम फिर किस प्रकार अच्छे परिणाम की आशा कर सकते हैं?

प्रत्येक मनुष्य को किसी के भी प्रति कोई ग़लत काम करने से पूर्व यह सोचना आवश्यक है कि यह काम कल कोई उसके साथ भी कर सकता है। जितना दुख उसे होगा उतना ही

उस व्यक्ति को भी होगा जिसके साथ वह यह गलत काम करने जा रहा है। यह ज़िंदगी है चुन –चुन कर अपना हिसाब लेती है। इसलिए यह प्रयास करो कि सदैव अच्छा व्यवहार प्रत्येक के साथ करो।

यहाँ हिसाब हर चीज़ का

देना पड़ता है,

यह ज़िंदगी है साहब यहाँ

कर्ज़ चुकाना पड़ता है।

दुख दोगे किसी को

फिर लेना भी वो पड़ता है,

यह ज़िंदगी है साहब यहाँ

कर्ज़ चुकाना पड़ता है।।

लौटकर आता हिसाब

चाहे कर लो कुछ भी,

एक हाथ दो दूसरे हाथ

लो फिर खुद भी।

दूसरो को रुलाकर

खुद भी रोना पड़ता है।

यह ज़िंदगी है साहब यहाँ

कर्ज़ चुकाना पड़ता है।।

यह तेरा, यह मेरा, गौर से देखो

नहीं यह किसी का,

क्यूँ लड़ना बेकार में

नहीं जब ये है किसी का।

खाली हाथ आता मनुष्य

खाली हाथ ही जाना पड़ता है।

यह ज़िंदगी है साहब यहाँ

कर्ज़ चुकाना पड़ता है।

यह कर्मों का सिलसिला हमारे घर ही से शुरू हो जाता है। जैसे संस्कार हम बच्चों में डालेगें वैसे ही बच्चे भी बन जायेगें। घर बच्चे की प्रथम पाठशाला कही गई है। अच्छा बुरा कोई भी काम, आदत आदि बच्चा अपने घर से ही सीखना आरंभ करता है।

राधिका के पति और ससुर का स्वर्गवास चार वर्ष पहले एक कार दुर्घटना में हो गया था। राधिका अपनी सास और दो बच्चों के साथ नोएडा में एक फ्लैट में रह रही थी।

शिक्षित होने के कारण राधिका को एक दफ्तर में नौकरी मिल गई थीं। सास और बहू माँ- बेटी की तरह रहती थीं।

दफ्तर जाने से पूर्व सबको नाश्ता खिलाना और प्रतिदिन रसोईघर का काम निपटाकर ही दफ्तर जाना राधिका का प्रतिदिन का गृह कार्य था। आज भी राधिका ने दफ्तर जाने से पूर्व सबके साथ बैठकर नाश्ता किया। फिर एक दो काम निपटाएं। अपने कमरे में गई वहाँ से अपना पर्स उठाया। बाहर आकर सासू माँ के चरणों को स्पर्श किया फिर तेज़ कदमों से ऑफिस जाने के लिए बाहर निकल गई। थोड़ी देर बाद बच्चों की वैन भी आ गई और दादी ने बच्चों को वैन में बैठा दिया, बच्चे भी स्कूल चले गए।

अगले दिन फिर वही प्रतिदिन का नियम। राधिका द्वारा घर का कार्य पूरा कर दफ्तर जाने से पूर्व सासू माँ के चरण स्पर्श करना और फिर ऑफिस चले जाना आदि। आज राधिका का बेटा राहुल दादी से बोला– "दादी मेरी मममा प्रतिदिन आपके पैरों को छूती हैं, आपका आशीर्वाद लेकर ही बाहर जाती हैं। शायद मम्मा को इससे कुछ फायदा ज़रूर

होता होगा? ”

दादी थोड़ा मुस्कुराई फिर "हाँ "कहते हुए उन्होंने अपनी गर्दन हिला दी।

"आज से मैं भी आपके पैर छूकर स्कूल जाया करूगाँ। फिर आपके आशीर्वाद से मेरे भी अच्छे नंबर आयेगें और मैं पापा की तरह बड़ा ऑफिसर बन जाऊगाँ। ”.....

"और हाँ दादी, आपके साथ– साथ मैं अपनी मम्मा के भी पैर छुआ करूगाँ। ”

इतने छोटे बच्चे के मुख से इतनी अनमोल और गहरी बात सुनकर दादी की आंखों में आँसू आ गए। उन्होनें राहुल और मुन्नी को गले से लगा लिया। थोड़ी देर में बच्चों की बस आ गई और राहुल दादी के चरण स्पर्श कर वैन में बैठकर स्कूल चला गया। राधिका की सास को अपनी बहू की बुद्धिमानी और समझदारी पर बड़ा गर्व हो रहा था कि उसने बिना कुछ कहे ही अपने बेटे को ऐसे संस्कार दे डाले जो वह जीवन भर याद रखेगा।

सासू माँ समझ गई बच्चे की पहली पाठशाला उसका अपना घर होता है वह जैसा वातावरण घर में देखता हैं वैसा ही सीखता है।

शिक्षा :- बच्चों के सामने जैसा व्यवहार किया जायेगा बच्चे वैसा ही सीखेगें। यही ज़िंदगी हमें बार बार सिखाती है। जिसे हम सबको समझना बेहद आवश्यक है।

बिखरे वक्त को समेटती ज़िंदगी

"बिखरे वक्त को समेटने का दूसरा नाम ज़िंदगी है।" अगर हम यह बात कह रहे तो हम बिल्कुल सही कह रहे हैं क्योंकि ज़िंदगी हमें ऐसे कई अवसर देती है जिसमे हम अपने वक्त को सभी के प्रति अपने पक्ष में कर सकते हैं परंतु आवश्यकता है दिल व दिमाग का सही इस्तेमाल करना।

ज़िंदगी बिखेरे वक्त को समेटती है।

कुछ देती है तो बदले में कुछ लेती है।

ज़िंदगी को चाहिए केवल हौसला

विश्वास से ज़िंदगी सदैव आगे बढ़ती है।

ज़िंदगी बिखेरे वक्त को समेटती है।

ज़िंदगी में ताल मेल बैठाना बेहद आवश्यक है। कछ लोग ऐसे होते हैं जो सही समय पर सही निर्णय नहीं ले पाते और अपने द्वारा की गई बातों में ही उलझकर रह जाते हैं।

लेकिन ऐसा प्रत्येक के साथ नहीं होता। कुछ ऐसे भी गनुष्य हैं इस संसार में जो अपने बारे में गलत राय को कुछ ही दिनो मे बदलने की योग्यता रखते हैं।

कोविड–19 ने पूरे विश्व को हिलाकर रख दिया। कोई सपने मे भी नहीं सोच सकता था कि ऐसा भयानक समय भी आयेगा जो जीवित इंसान को भी मरने जैसा महसूस करा देगा। अचानक लगे लॉकडाऊन ने जो जहाँ था उसे वहीं रोक दिया। मज़दूरो का पलायन, लोगो की कोरोना से मौत, समय पर ऑक्सीजन का सिलेंडर ना मिल पाना, भूख से लोगो का बुरा हाल, काम ठप, विधालयो के गेट पर लगे ताले, लोगो के चेहरे मास्क से ढके, एक दूसरे से दूरी रखना आवश्यक आदि ऐसी बाते सामने आई जो कभी किसी ने ना सुनी होगीं

ना ही कभी पढ़ी होगीं।

कोरोना …का रोना

संसार बेहाल

परेशान

क्या करे?

क्या ना करे?

सबसे बड़ी समस्या जो लोगो के सामने आई वो थी अचानक लॉकडाऊन लगने से। जो जहाँ था, वहीं रुक गया। हम यह नहीं कह रहे कि जानबूझकर रुका बल्कि कोरोना लॉकडाऊन के लगने से वह मजबूर हो गया रुकने के लिए और अपने घर भी नहीं जा पाया। जाता कैसे बस/ गाड़ियो की सुविधा बंद, रेल बंद, प्राइवेट टैक्सी बंद। परंतु फिर भी ऐसे में कुछ लोगो ने हिम्मत दिखाई और इस परिस्थिति का सामना बड़ी कुशलता पूर्वक किया।

सुलेखा 2 साल बाद अपने मायके आई थी। उसके साथ उसका 3 वर्ष का बेटा राहुल भी था। पति सूरज को कुछ आवश्यक कार्य था इसीलिए वह सुलेखा को मायके छोड़कर चले गए थे। सुलेखा ने सोचा था कि एक सप्ताह रुक कर वह भी चली जाएगी परंतु उसके आने के दो-तीन दिन बाद ही अचानक लॉक डाउन की खबर आ गई। अब सुलेखा मायके में ही फंस गई। सुलेखा तीन भाइयों की इकलौती बहन थी। भाइयों की शादी उससे पहले हुई थी। सबके दो-दो बच्चे थे। सुलेखा का मायका संयुक्त परिवार था और सब लोग एक साथ ही रहते थे। सुलेखा ननंद थी। तीनों भाभियाँ सुलेखा को अधिक पसंद नहीं करती थी। माता-पिता और तीनों भाई सुलेखा पर जान छिड़कने थे इसीलिए सुलेखा अपने भाइयों और माता-पिता से मिलने के लिए मायके अवश्य आती थी। लॉकडाउन होने से तीनों

भाभियों पर जैसे बिजली गिर पड़ी हो। तीनों के मूड खराब हो गए कि अब सुलेखा यही रहेगी। पता नहीं कितने दिन इसे झेलना पड़ेगा यही सोच भाभियो के चेहरे पर स्पष्ट रुप से देखी जा सकती थी।

खैर, एक सप्ताह तो जैसे तैसे बीत गया परंतु दूसरे सप्ताह सुलेखा ने अपनी भाभियों के व्यवहार में कुछ परिवर्तन देखा। सुलेखा का बेटा राहुल बहुत प्यारा था और प्यारी प्यारी बातों से सबको आकर्षित कर लेता था। एक रात राहुल अपने बिखरे खिलौनो को सजाकर रख रहा था। सुलेखा बोली, "बेटा! रहने दो मै रख दूगीं।" राहुल ने जवाब दिया, "नहीं मम्मा, यह मैने बिखेरे हैं मै ही रखूगा।" यह बात सुनकर सुलेखा बहुत खुश हुई और उसके मन में एक विचार आया। उसने सोचा कि जब वह शादी से पहले इस घर में रहती थी, तब सब काम किया करती थी। सब बड़े खुश हुआ करते थे। आज भी अगर वह शादी से पहले वाली सुलेखा बन जाए तो कितना मजा.आएगा। इसी बहाने वह एक बार फिर से अपने पुराने समय को जी लेगी। उसने मन ही मन कुछ निश्चय किया और सो गई।

सुबह सुलेखा जल्दी उठी। नित्यकर्मो से फ्री होकर अपने कमरे को साफ किया। फिर घर-आंगन में झाड़ू पोछा लगाया। किचन में गई बर्तन आदि साफ किए और वॉशिंग मशीन में गंदे पड़े सभी कपड़ो को धो डाला। नहा धोकर सबके लिए नाश्ता भी बना दिया। बेटे राहुल को अधिकतर नानी संभालती थी। इसलिए सुलेखा को कोई भी परेशानी नहीं हुई। यह सब काम करके सुलेखा को बहुत अच्छा लगा। उसे अपना पुराना समय याद आ गया। माता पिता ने मना भी किया, पर वह नहीं मानी और अपने कार्यों को पूरा करने में लगी रही। उसे लगा कि जैसे वह अभी भी इसी घर मे रहती है। जब सब लोग सोकर उठे तो देखकर हैरान रह गए। तीनो भाई बहुत खुश हुए पर भाभियों को अधिक खुशी नहीं हुई। बड़ी भाभी मुँह चढ़ाकर बोली, "एक दिन काम कर लिया तो कौन सा तीर मार दिया।" सुलेखा ने कुछ नहीं कहा और मुस्कुराने लगी।

अब सुलेखा प्रतिदिन ऐसे ही कार्य किया करती थी। भाइयों के तीनों बच्चों के साथ भी

सुलेखा काफी घुलमिल गई। राहुल भी सबका चहेता बन गया। अपनी प्यारी प्यारी बातों से सबका मनोरंजन करता रहता था। वह बच्चों को एक-एक घंटा बैठाकर पढ़ाया भी करती थी। लॉकडाऊन में कक्षाएँ घर ही से हो रही थीं। स्कूल बंद थे तो सभी बच्चे घर ही मे रहकर क्लासेज़ कर रहे थे। सुलेखा क्लासेज़ करने के बाद बच्चों को मोबाइल पर भी तरह-तरह की एक्टिविटी कराती थी जिससे बच्चे बुआ को पसंद करने लगे थे। प्रतिदिन सुलेखा को इस प्रकार घर के कार्यों को करते देख भाभियों का मन भी धीरे-धीरे साफ होना शुरू हो गया।

इस लॉकडाउन मे भाभियों के साथ सुलेखा की बहुत अच्छी अंडरस्टैंडिंग हो गई। अब भाभियों की जुबान पर केवल सुलेखा ही छाई रहती थी। भाभियों के साथ सुलेखा हंसी मजाक करती थी और भाभियाँ उसे अपना सामान भी शेयर कराने लगी थी। ऐसे ही हंसते खेलते लॉकडाउन में कुछ ढील दी गई। अब तक सुलेखा सबके दिलों में अपनी जगह बना चुकी थी। सभी भाभियाँ उससे बहुत खुश थी उसे छोटी बहन की तरह मानने लगी थीं।। भैया और माता-पिता तो उसे पहले से ही पसंद करते थे। अब भाभियों ने भी उसे पसंद करना शुरू कर दिया था। एक दिन सुलेखा को ससुराल से उसका पति सूरज लेने आ गया। सुलेखा सोच रही थी कि 'लॉकडाउन में जब सब कुछ बंद था, बाहर सन्नाटा पसरा था तो उस सन्नाटे में सुलेखा ने एक अच्छा काम कर दिखाया वर्षों से दिलों मे जो कड़वाहट और नफरत भरी थी इस लॉकडाउन में सुलेखा ने वह समाप्त कर दी थी। अब सब कुछ बदल चुका था। सब के दिलों से मैल-ईर्ष्या निकल चुकी थी और सब एक दूसरे को समझने लगे थे। जब सुलेखा सूरज के साथ ससुराल जाने लगी तो इस बार भाइयों और माता-पिता के साथ-साथ भाभियों की आंखें भी नम थी।

सुलेखा की माँ ने सुलेखा को गले लगाकर कहा कि – "बेटी इंसान अपने व्यवहार से सबको अपना बना सकता है। मुझे तुम जैसी बेटी पर गर्व है।"

ससुराल जाकर सुलेखा अपने वहाँ के कार्यों में व्यस्त हो गई परन्तु अब उसके पास

माता पिता के अतिरिक्त भाभियो के फोन भी आने लगे थे। उसने ईश्वर का धन्यवाद किया और लॉकडाउन का नाम आते ही मुसकुराने लगी।

यहाँ सुलेखा ने लॉकडाऊन को अपने ऊपर नियंत्रण करने नहीं दिया बल्कि अपने जीवन में ऐसा नया काम किया जिसने उसे सबकी चहेती बना दिया। सुलेखा ने दिल और दिमाग का सही इस्तेमाल कर अपने लिए अपनी भाभियो के दिल में जगह बनाई।

काम नहीं मुश्किल कोई

कदम आगे बढ़ाना होगा।

विश्वास और दृढ़निश्चय से

अपने गंतव्य को पाना होगा।

ज़िंदगी एक पहेली

ज़िंदगी एक पहेली है ऐसा हम इसलिए कह रहे हैं क्योंकि प्रतिदिन यह अपना रूप रंग बदलती है। कभी परिस्थितियाँ हमारे हक मे होती हैं तो कभी विपरित हो जाती हैं। कभी हम किसी बात से खुश हो जाते हैं तो कभी हमारी आँखे आसूओं से गीली हो जाती हैं।

पर फिर भी चाहे जो भी हो ज़िंदगी अगर है तभी हम सुख दुख का आनंद उठा सकते हैं अन्यथा मरने के बाद कौन कहाँ किसे पता?

जीवन में सकारात्मक रहिए और अपनी ज़िंदगी में खुश रहने का प्रयास कीजिये।

ज़िंदगी एक पहेली सी लगती है,

कभी मित्र, कभी शत्रु सी लगती है,

क्या है इस ज़िंदगी में कोई नहीं जानता?

कभी – कभी यह खामोश सी लगती है।

ज़िंदगी एक पहेली सी लगती है।।

कहने का मतलब सिर्फ इतना कि

जी लो इसको भरपूर मन से।

क्योंकि दोस्तों यह ज़िंदगी

बड़ी मुश्किल से मिलती है।

ज़िंदगी एक पहेली सी लगती है।।

कभी बीमारी आकर खड़ी हो जाती है

कभी मनुष्य को मानसिक पीड़ा पहुचाती है

कभी आराम तो कभी बे-आराम सी लगती है
कभी डॉक्टर के रूप में ज़िंदगी बहार सी लगती है।
ज़िंदगी एक पहेली सी लगती है।।

ज़िंदगी एक सुहाना सफर

दोस्तों आप सभी ने एक गीत सुना होगा बहुत प्रसिद्ध गीत है...
"ज़िंदगी एक सफर है सुहाना यहाँ कल क्या हो किसने जाना?"

याद आ गया होगा ! यही वह गीत है जो हमें ज़िंदगी के बारे में एक सच्चाई बताता है कि यह ज़िंदगी एक सफर की तरह है इस ज़िंदगी में कब क्या हो जाए कोई नहीं जानता? कुछ लोग अपने आज को नहीं जीते बल्कि कल के बारे में सोचते हैं। कल क्या होगा? कल हम यह काम कैसे करेगें? आदि बातें हैं जो व्यक्ति को आज से दूर करती हैं। अरे! पहले आज को तो जी लो,, कल की कल देखी जायेगी।

सकारात्मकता के साथ जब हम अपने दिन की शुरुआत करते हैं तभी हमें कठिनाइयों में रास्ते मिलते हैं यदि हम अपने दिन की शुरुआत ही नकारात्मक विचारो के साथ करेगें तो हमारे भीतर एक चिंता बनी रहेगी जो हमारे मस्तिष्क में डर के भाव को उत्पन्न कर हमारे कार्य में बाधा डालेगी और हम अपने कार्यों को सुचारू रुप से नहीं कर पायेगें।।

ज़िंदगी एक बार मिलती है इसे खुलकर जीने की कोशिश करनी चाहिए। परेशानियाँ कहाँ नहीं? हर जगह हैं। इनसे बचकर हम कहीं नहीं भाग सकते। पर हाँ! इन्हें कुछ कम करने का प्रयास हम ज़रूर कर सकते हैं।।

ज़िंदगी मिली हमें जीने के लिए,

सपने सजाने, पूरे करने के लिए,

हमे इसे भरपूर जीना चाहिए,

ज़िंदगी एक सुहाना सफर है,

हर लम्हें को महसूस करना चाहिए।।

माना उलझनें बहुत हैं जीवन मे,

एक सुख के साथ दुख भी हज़ार।

इनसे घबराकर हारना नहीं चाहिए,

ज़िंदगी एक सुहाना सफर है,

हर लम्हें को महसूस करना चाहिए।।

हिम्मत मत हारो आगे बढ़ो निरन्तर,

परिश्रम से तुम डटे रहो।

अंधेरों में दीपक जलाकर

प्रकाश फैलाना चाहिए।

ज़िंदगी एक सुहाना सफर है,

हर लम्हें को महसूस करना चाहिए।।

रोने को जहाँ मे अवसर मिलते हैं बहुत,

रुलाने वालो की भी कमी नहीं यहाँ।

हसने के बहाने तुम्हे ढूंढने चाहिए,

ज़िंदगी एक सुहाना सफर है,

हर लम्हें को महसूस करना चाहिए।।

ज़िंदगी में किरदार

यह ज़िंदगी हमारी जीवन रेखा को एक नई दिशा व गति देती है। इसके अंतर्गत सभी मानव इस धरती पर अपने-अपने किरदार अदा करते हैं। रिश्ते में बंधकर एक दूसरे के साथ जीवन व्यतीत करते हैं। कुछ मनुष्य ऐसे भी होते हैं जो अपने कार्यों से समाज की सेवा कर संसार में नाम कमाते हैं और लोग उनका सम्मान करते हैं। दूसरी ओर कुछ ऐसे किरदार भी होते हैं जो केवल अपने बारे में ही सोचते हैं और दूसरो को बहुत दुख देते हैं। ऐसे किरदारों को संसार पसंद नहीं करता और ना ही उनका सम्मान किया जाता।

यह ज़िंदगी एक बार मिलती है और प्रत्येक मनुष्य को इसे भरपूर जीने का प्रयास करना चाहिए। अपने कार्यों से मानव सेवा व पशु सेवा कर अपने जीवन को सार्थक बनाने की एक कोशिश करनी चाहिए। जिससे आने वाली पीढ़ियों को उनके जीवन से ज्ञान मिल सके और उनका मार्ग दर्शन हो।

किरदार बहुत अहम इस ज़िंदगी में,

इंसान आता है किरदार निभाकर चला जाता है।

अनेक किरदारों से ही सजी यह ज़िंदगी,

इंसान खिलौना है खेलकर एक दिन दुनिया छोड़ जाता है।

सबके किरदार हैं यहाँ अलग-अलग,

कोई हसता है तो कोई दूसरो को रुलाकर चला जाता है।

कहीं पर खामोशी पसर जाती है तो

कहीं किरदार शोर मचाकर चला जाता है।

किरदार के चेहरे होते अलग अलग,
कोई गुमनामी में खो जाता है कोई शौहरत बटोर जाता है।

ये सभी किरदार जुड़े सिर्फ ज़िंदगी से,
जब तक है ज़िंदगी किरदार चमकता रहता है।

ज़िंदगी खुलकर जीयो दोस्तों,
ज़िंदगी मिलती सिर्फ एक बार है।

अगर ज़िंदगी है तभी किरदार है,
अन्यथा दुनिया में सब बेकार है।

ज़िंदगी इम्तेहान लेती है

लेती है ज़िंदगी इम्तेहान,

बार-बार इशारा करती है

अगर बिगड़े हो तो संभल जाने का

अगर कुछ भूले हो तो याद कर जाने का।

अपने आपको सही राह दिखाने का।

ज़िंदगी को भरपूर जी जाने का।

लेती है ज़िंदगी इम्तेहान,

जो समझता इशारा ज़िंदगी का

वो खुद को बदल लेता है पर

जो नहीं समझता वो

जीवन भर फिर रोता है।

लेती है ज़िंदगी इम्तेहान,

कुछ कर दिखाने का अवसर देती है।

जो कर गया वो जीत गया,

जो कुछ ना कर पाया वो हार गया।

एक पछतावा हमेशा के लिए

उसके साथ जुड़ गया।

लेती है ज़िंदगी इम्तेहान

जिसमें कोई पास कोई फेल।।।

ज़िंदगी कभी एक जैसी नहीं रहती यह प्रतिदिन अपना रुप बदलती है। प्रतिदिन सूरज

था। एक बार किसी बुजुर्ग व्यक्ति ने मुकेश से कह भी दिया कि,” हम तुम्हारा शगुन लेने के लिए तुम्हें विवाह उत्सव में नहीं बुलाते बल्कि तुम्हारे भाई की वजह से बुलाते हैं जो तुमसे लाख गुना बेहतर है।” तब यह सुनकर मुकेश और अधिक चिढ़ जाता था।

ऐसे में मुकेश का उत्तर होता,” मैं अपने स्थान पर मूढ़ा (एक प्रकार की कुर्सी) भेज तो देता हूँ उसी को समझा करो कि मैं उपस्थित हो चुका हूँ।” मुकेश अपनी पत्नी व बच्चों को भी नहीं जाने देता था। अब तक मुकेश के दो बेटियाँ हो चुकी थीं और सुरेश के एक बेटा और एक बेटी। सुरेश ग्रामीण वासियो से मुकेश के व्यवहार के लिए हर बार माफी मांग लेता था।

“पर यह समय है बदलता अवश्य है।

नहीं रोक सकता कोई वक्त को,

नहीं रोक सकता कोई धार समय की।

वक्त वो है जो बदलता ज़रूर है,

आज मेरा तो कल तेरा

आज तेरा तो कल मेरा।।

यह वक्त ही है जो

ज़िंदगी का रुख बदल देता है।।”

मुकेश और सुरेश का वक्त भी बदला। अब गाँव पहले से भी अधिक विकसित हो चुका था। विधालय, खेल के मैदान, फैक्टरियाँ, ईंटो की भट्टियाँ आदि सबकुछ गाँव में लग चुका था।

ऐसे ही कई वर्ष बीत गए। बच्चे बड़े हो चुके थे। सुरेश ने अपनी बेटी के विवाह हेतु उपयुक्त वर की तलाश शुरु कर दी। केवल कहने मात्र ही से एक माह के भीतर सुंदर,

सुशील एक लड़का सुरेश को वर के रुप मे मिल गया। यह वर ढूढ़ा था सभी ग्रामीण वासियों ने मिलकर क्योंकि सुरेश उनके लिए डटकर खड़ा रहता था। सबने सहयोग किया और सुरेश की बेटी की शादी बड़ी धूमधाम से पास के शहर में हो गयी। मुकेश की बेटियाँ भी काफी बड़ी हो चुकी थीं। पत्नी कहती रहती कि," कोई वर ढूढो। कब तक घर मे बैठाकर रखोगे? "

मुकेश किसी से बात तक नहीं करना पसंद करता था इसलिए उसकी पत्नी ने अपने जेठ जी से अपनी पुत्री के विवाह की बात कही। सुरेश ने वर ढूढना आरंभ कर दिया। उसने अपने सभी साथियों व मित्रो को यह काम सौंपा। पहले ग्रामवासियो ने मुकेश की सहायता करने से इंकार कर दिया परंतु सुरेश के कहने पर सब तैयार हो गये। वर मिला सबको पसंद आ गया और शादी की तारीख भी तय हो गई। मुकेश ने अपने नौकरो से कहकर विवाह की सारी तैयारियाँ करवानी शुरु कर दी। उसने जो कार्ड छपवाए मुकेश ने स्वयं ना जाकर अपने नौकरो से गाँव वासियो व सुरेश को वे कार्ड बंटवा दिए।

उसे इस बात का ज़रा भी अहसास नहीं हुआ कि ऐसा करना अच्छा नहीं है। अब वह दिन भी आ गया जब मुकेश के घर बारात आनी थी। पर यह क्या विवाह के समय केवल सुरेश और उसका परिवार ही दिखाई पड़ रहा था। गाँव मे से एक भी व्यक्ति मुकेश के घर नहीं आया। मुकेश ने बहुत भव्य तैयारियाँ की हुई थी। मुकेश समझ नहीं पा रहा था कि यह क्या हो रहा है? अब तक कोई क्यों नहीं आया?

थोड़ी देर मे बारात आने वाली थी। धीरे धीरे गाँव के लोगो ने एक दूसरे से कह कर अपने स्थान पर मूढ़े भिजवाने शुरु कर दिए। पूरे पंडाल में चारों तरफ मूढ़े ही मूढ़े दिखाई दे रहे थे। मूढ़ो के साथ शगुन का लिफाफा था और शादी वाले घर में सन्नाटा पसरा हुआ था। सुरेश ने ग्रामीणजनों से बहुत विनती की कि वे सब समारोह मे आ जाएँ। परंतु किसी ने उसकी बात नहीं सुनी। मुकेश को अपनी गलती का अहसास होना आरंभ हो चुका था। बारात भी आ गई पर एक भी गाँव वासी शादी में शामिल नहीं था वहाँ दिख रहे थे केवल

बिछे वो मूढ़े। कुछ घंटो बाद एक बुजुर्ग व्यक्ति आया और उसने बड़े प्रेम भाव से मुकेश की पुत्री के सिर पर हाथ फेरकर आशीर्वाद दिया। फिर वह मुकेश से बोला, "बेटा, तुम्हें याद होगा कि तुम भी हमारे विवाह उत्सव में सम्मिलित नहीं होते थे और अपनी जगह पर मूढ़ा भेज दिया करते थे।

आज वही मूढ़ा हम सब तुम्हें लौटा रहे हैं।" मुकेश ने बुजुर्ग के पैरों को पकड़ लिया और फूट फूटकर रोने लगा। "आप सही कहते थे... बाबा कि यह ज़िंदगी इम्तेहान लेती है। इसमें पास होना बहुत आवश्यक है, पर मैं फेल हो गया और आज इसीलिए मेरी बेटी के विवाह में कोई भी नहीं आया। यही मेरी सज़ा है। बुजुर्ग व्यक्ति ने मुकेश को प्यार से गले लगाया और कहा कि, "अब तुम्हें पछतावा हो रहा है और तुम्हारी आँखो से जो आँसू बहे हैं वह पश्चाताप के हैं। तुम परेशान मत हो हम सब गाँव वासी कल भी तुम्हारे मित्र थे और आज भी हैं।" यह कहकर उस बूढ़े बाबा ने सुरेश को आँखो ही आँखो मे कुछ इशारा किया। थोड़ी देर में वहाँ बिछे खाली मूढ़ो पर गाँव वाले आकर बैठ गये। थोड़ी देर मे ही पंडाल में रौनक छा गई और बेटी का विवाह बड़ी धूमधाम से कुशलतापूर्वक हुआ।

अब मुकेश पहले जैसा नहीं रहा वह जान चुका था कि ज़िंदगी एक बार ही मिलती है और हम जैसा किसी के साथ करते हैं ज़िंदगी हमें वैसा ही लौटाती भी है।।

क्या ज़िंदगी केवल ख्वाहिश है

क्या केवल ख्वाहिशों ही से बनी है ज़िंदगी....?
ख्वाहिशों की चाह मे इंसान कब
अपनी ज़िंदगी पूरी कर लेता है?
पता ही नहीं चलता....।

रह जाती हैं पीछे सुनहरी वो यादें
जो टकटकी लगाए उसे देखती हैं।
जिन यादों को उसने कभी जिया ही नहीं,
ज़िंदगी का भरपूर आनंद लिया ही नहीं।
ऐसे में मन में एक सवाल रह जाता है,
कुछ ख्वाहिश अधूरी सी।
जो ज़िंदगी में पूरी हुई ही नहीं।।

अब पछताने से क्या होगा?
वक्त लौट कर नहीं आयेगा।
ख्वाहिशें अधूरी ही रह जायेगीं और
जीवन ऐसे ही गुज़र जायेगा।
मन में फिर से वहीं सवाल आयेगा
कुछ ख्वाहिश अधूरी सी।
जो ज़िंदगी में पूरी हुई ही नहीं।।

ज़िंदगी को केवल ख्वाहिशों तक ही सीमित मत रखो क्योंकि ख्वाहिशो की चाह में इंसान अपने आज को भी सही ढंग से नहीं जी पाता।

भविष्य के प्रति देखे गये सपने उसे वर्तमान से दूर कर देते हैं और वह चिंताग्रस्त रहने लगता है। इससे ना केवल उसके स्वास्थ्य पर असर पड़ता है बल्कि उसका परिवार भी प्रभावित होता है।

रख दो एक तरफ अपनी ख्वाहिशों को,
और जी लो उस लम्हें को जो आज है सामने तुम्हारे।
वक्त को ना करो बर्बाद,
ये वक्त कल नहीं होगा।।

ज़िंदगी मे बदलाव सकारात्मकता के कारण संभव है

कभी कभी कुछ लोग

अचानक आकर

ज़िंदगी में शामिल हो जाते हैं

और चुपके से ज़िंदगी का एक

ख़ास हिस्सा बन जाते हैं।।

माना नहीं रहते पास पर

महसूस होते हर वक्त

दिल में छुपकर

दिल की धड़कनों को बढ़ाते हैं।

अचानक आकर

ज़िंदगी में शामिल हो जाते हैं।।

ज़रूरी नहीं नज़दीक आना

ज़रूरी नहीं फिर गले भी लगाना

कुछ लोग दूर रहकर भी

करीब आ जाते हैं।

अचानक आकर

ज़िंदगी में शामिल हो जाते हैं।।

तसव्वुर काफी है

किसी को महसूस करने के लिए

आगे बढ़कर अपनी कसम

पूरी करने के लिए

खामोशियां बन हवा में

खूशबू फैलाते हैं।।

अचानक आकर

ज़िंदगी में शामिल हो जाते हैं।।

जी हां दोस्तों अक्सर ऐसा हमारे साथ होता है कि हमें पता भी नहीं चलता और कोई हमारे जीवन में अचानक आकर अपनी उपस्थिति दर्ज करवा लेता है। उसकी उपस्थिति हमारे लिए हमारे मन के अनुसार होती है। अगर हमारी सोच सकारात्मक होगी तो उसकी उपस्थिति भी हमारे लिए अच्छी होगी और अगर हमारे मन में नकारात्मक विचार आयेंगे तो वह उपस्थिति दुख देने वाली होगी।

कुछ ऐसा ही सुजाता के साथ भी हुआ जिसने ना केवल अपने लिए नया रास्ता बनाया बल्कि समाज की नीची सोच को भी बदल दिया। सुजाता ने स्वयं के लिए मार्ग प्रशस्त नहीं किए बल्कि दूसरो के लिए भी रास्ते बनाए।।

सुजाता नीली घाटी के पास के गांव में रहने वाली बेहद शांति प्रिय लड़की थी। दसवीं करने के बाद अभी ग्यारवीं में दाखिला लिया था। परिवार संयुक्त था। घर में एक विधवा बुआ रहती थी और एक चाचा अपनी पत्नी और तीन बच्चो के साथ रहा करते थे। सुजाता दो बहनों में बड़ी बहन थी। दादा दादी पुराने विचारों के व्यक्ति थे।

बुआ का विवाह लगभग अठारह वर्ष में कर दिया गया था पर दुर्भाग्यवश एक साल के अंदर ही पति का किसी ट्रक से एक्सीडेंट हुआ और उसकी मृत्यु हो गई। भरी जवानी में ही बुआ विधवा हो गई। अभी कोई संतान भी नहीं हुई थी। बुआ को मायके में भेज दिया गया और अब वह यहीं रहती थी। सब सुख सुविधाओ से वंचित। सुजाता स्वतंत्र विचारों वाली लड़की थी और बुआ को इस हालत में देखकर वह बहुत दुखी होती थी। वह चाहती थी कि

बुआ का दूसरा विवाह हो जाए पर जाति ब्राह्मण थी और लोक लाज व समाज के डर से कोई अपने होंठों तक पर विधवा विवाह शब्द तक नहीं लाना चाहता था।

जब भी सुजाता बुआ के बारे में कुछ कहती तो दादी उसे डांटकर चुप कर देती थी। अब सुजाता के विवाह की बात होनी शुरू हो चुकी थी पर सुजाता तैयार नहीं थी। वह आगे पढ़ना चाहती थी। उसकी दो बहनें भी पढ़ रही थी पर वे सुजाता की तरह होशियार नहीं थी। उनकी पढ़ाई बीच ही में छुड़ा दी गई थी पर सुजाता ने ज़िद करके बहुत कठिनाईयों से बारहवीं तक शिक्षा ग्रहण की थी। अब सुजाता का विवाह ज़बरदस्ती लगभग इक्कीस साल की उम्र में कर दिया गया। पति अशोक फौज में था।

सुजाता पास के दूसरे गांव में बहू बनकर गई थी। अशोक स्वतंत्र विचारों वाला व्यक्ति था। वह फौजी था और चाहता था कि सुजाता आगे की पढ़ाई यहां रहकर पूरी करे। सुजाता के सास ससुर थोड़े सख्त थे पर अशोक के सामने कोई कुछ नहीं बोलता था। यहां सुजाता की एक ननद थी जो हंसमुख स्वभाव की लड़की थी। जेठ जेठानी दूसरे घर में रहते थे। अशोक ने अपनी बहन के साथ सुजाता का दाखिला बीए में करवा दिया और ननद के साथ सुजाता बस से पास के शहर में जाने लगी।

सास के आग्रह करने पर सुजाता ने एक बेटे को जन्म दिया जिसे सास ही संभालती थी। अब सुजाता और ननद ने बीए की शिक्षा पूरी कर ली। सास ससुर के गना करने के बाद भी अशोक ने बहन और सुजाता दोनों को आगे की पढ़ाई बी एड भी करवाने के लिए दाखिला करवा दिया।

सुजाता का बेटा अभी छोटा ही था इसलिए दूसरा बच्चा अभी अशोक और सुजाता नहीं चाहते थे। इस बीच ननद के लिए अच्छे घर का रिश्ता आया तो ननद ने मना कर दिया। तब सुजाता के सास ससुर ने सुजाता पर आरोप लगाया कि सब उसकी वजह से हो रहा है। अचानक सरहद पर युद्ध छिड़ा और उसमें अशोक शहीद हो गया। सुजाता के सारे सपने टूटकर बिखर गए। उसे समझ में नहीं आ रहा था कि वह क्या करे?

एक महीने में ही ससुराल में उसकी हालत बहुत खराब हो गई। ननद ने काफी साथ दिया पर अब उसकी भी घर में कोई पूछ नहीं रह गई थी। एक दिन ननद ने सुजाता को बताया कि वह पास ही में रहने वाले एक लड़के को पसंद करती हैं और शादी करना चाहती है। लड़का शहर में नौकरी करता है।

अब सुजाता की हिम्मत बढ़ी और अपनी ननद के लिए उसने अपने आपको मज़बूत किया। ससुराल में उसपर बहुत सख्त कदम उठाए गये पर सुजाता ने किसी की कोई परवाह नहीं की। सुजाता का खाना पीना तक बंद कर दिया गया, पर सुजाता ने सकारात्मकता का साथ नहीं छोड़ा और अपनी ननद के साथ मिलकर बीएड की शिक्षा पूर्ण की।

सास ससुर ने पंचायत बैठाई पर सुजाता ने अपने तर्क से पंचायत का मुंह बंद कर दिया और आगे की शिक्षा पूरी करके ही दिखाई।

अब एक और चुनौती सामने खड़ी थी ननद का प्रेम विवाह जिसमें सीधे मरने- मारने तक पर बात आ सकती थी। सुजाता ने अपनी ननद को सकारात्मकता से समझाया कि सब अच्छा होगा और शहर पहुंच गई। वहां महिला पुलिस से मिली और उन्हें सब कुछ बताया। पुलिस ने सुजाता को आश्वासन दिया कि वे उसके व ननद के साथ हैं।

घर आकर सुजाता ने अपने सास ससुर से ननद के प्रेम की बात बताई। इतना सुनते ही उन्होंने ननद को मारना पीटना शुरू कर दिया और कमरे में बंद कर दिया। सुजाता ने लड़के से इस विषय में बात की तो वह रिश्ता लेकर घर आए पर सास ससुर और जेठ आदि नहीं माने। लड़के और उसके परिवार वालों को भगा दिया।

अब सुजाता ने ननद का विवाह मंदिर में करवाने का प्रयास किया क्योंकि सास ससुर उसकी शादी अपनी इच्छानुसार किसी अनजान से करना चाहते थे। इससे पहले कि ननद की शादी उसकी इच्छा के विरुद्ध हो सुजाता ने मंदिर में ननद और उसके प्रेमी के विवाह की तैयारी शुरू कर दी। अब आवश्यकता थी महिला पुलिस की।

सुजाता के कहे अनुसार पुलिस भी आ गई। उधर सुजाता के ससुराल पक्ष वाले डंडे, बंदूक, भाले लेकर मंदिर में पहुंचे तो पुलिस ने उन्हें गिरफ्तार कर लिया। ननद की शादी उसके प्रेमी के साथ हो गई।

अब सुजाता बहुत खुश थी और अपने मायके जाकर रहना चाहती थी। वह अपने बेटे को लेकर मायके चली गई। वहां भी वही दकियानूसी विचार। विधवाओं को यह नहीं करना वो नहीं करना। जो सुजाता बिल्कुल भी नहीं मानती थी।

सुजाता ने अपने आपको शांत रखते हुए सकारात्मक सोच का निर्वाह करते हुए अपनी बुआजी के दूसरे विवाह की बात कही जिसका विरोध किया गया। पंचायत ने साफ इंकार कर दिया कि विधवा का विवाह नहीं हो सकता। अब सुजाता ने शहर जाकर कोर्ट का सहारा लिया और वहां से मंजूरी मिलने पर अपनी बुआ का दूसरा विवाह करवाया। अब कोर्ट के सामने कोई क्या कह सकता था? आई मुश्किलें बहुत पर सुजाता घबराई नहीं बल्कि हिम्मत से डटी रही।

बुआ का घर बसाया। अपनी बहनों को अच्छा जीवन जीने की सलाह दी। सुजाता ने उन्हें समझाया कि जीवन में कभी भी नकारात्मक विचारों का साथ मत देना जो भी करो सकारात्मक होकर वह विचार कर ही करना। अब सुजाता अपने बेटे के साथ मायके में रहने लगी। वहां उसे प्रतिदिन तानें सुनने को मिलते थे पर वहां भी वह निराश नहीं हुई।।

उसकी मां ने उससे पूछा कि तू विधवा हो गई है तेरी किस्मत खराब है उसने सकारात्मक उत्तर दिया कि "नहीं, अगर मैं विधवा ना होती तो आज दो लड़कियों का जीवन ना संवार पाती।"

पुत्र के थोड़ा बड़े होने पर सुजाता ने शहर जाकर नौकरी कर ली और अपने बच्चे को अच्छे स्कूल में दाखिला दिलवाया। जहां सुजाता नौकरी करती थी उसी के स्कूल का एक टीचर उसको पसंद करता था। सुजाता से उसने अपनी इच्छा बताई। सुजाता ने कुछ समय मांगा और फिर एक दिन हां कह दी। इस प्रकार सुजाता ने अपनी शिक्षा के बल पर अपने

जीवन में सकारात्मक विचारों को अपनाते हुए ना केवल अपनी बल्कि अपने साथ जुड़ी दो महिलाओं की भी ज़िंदगी सुधारी।।

सकारात्मकता सफलता की वो कुंजी है जो सख्त से सख्त ताले को भी खोल देती है।।

ज़िंदगी में एक 'शुक्रिया'
सकारात्मक प्रभाव डालता है

शुक्रिया शब्द छोटा बहुत

अल्फ़ाज़ बदल जाते है।

शुक्रिया शब्द सुनने के बाद

अंदाज़ बदल जाते हैं।

सम्मान दिया जाता उनको

चाहे हो हालात जो भी,,

ज़िंदगी जीने के ढंग

फिर बदल जाते हैं।।

शुक्रिया शब्द बहुत छोटा सा, प्यारा सा, शब्द है। जो सकारात्मकता से भरा हुआ है। यह शब्द अगर किसी को बोल दिया जाए तो सीधे दवा का काम करता है। जी हां! अगर हम किसी को उसके काम के बदले 'शुक्रिया' बोलते हैं तो सामने वाला बहुत खुश हो जाता है और आदर के साथ 'इट्स ओके' या 'कोई बात नहीं' जवाब में बोलता है। इससे जहां शुक्रिया कबूल करने वाले को अच्छा लगता है वहीं कहने वाले में भी नई ऊर्जा का संचार होता है। शुक्रिया शब्द कह देने से कोई बड़ा व्यक्ति छोटा नहीं हो जाता बल्कि उसका मान ही बढ़ता है। बहुत से लोग कहते हैं कि, "हम क्यों धन्यवाद कहें हम उससे बड़े हैं?" शुक्रिया कहने में बड़ा, छोटा, रिश्ता, नाता नहीं देखा जाता बल्कि शुक्रिया तो हमें हमारी खुशी को प्रकट करने में सहायता करता है।

आज शिल्पा के घर उसकी जन्मदिन की पार्टी थी। शिल्पा ने अपने सभी दोस्तों के लिए

पिज़्ज़ा आर्डर करवाया था। थोड़ी देर में पिज्जा बॉय, पिज़्ज़ा लेकर आया। शिल्पा के भाई ने घर का दरवाज़ा खोला और उससे पिज़्ज़ा लेकर पैसे देकर दरवाज़ा बंद करने लगा। इतने में शिल्पा दौड़कर आई और बोली," रुको भैया ! थैंक्यू वैरी मच। आज मेरा जन्मदिन है और आपने पिज़्ज़ा लाकर मेरी पार्टी का आनंद दुगुना कर दिया। " उस समय पिज़्ज़ा बॉय के चेहरे पर जो खुशी के भाव थे वह केवल वही समझ सकता था जिसने उसे हृदय से महसूस किया हो।

पिज्जा बॉय ने सम्मान में अपना सिर झुकाया और शिल्पा को बधाई देकर चला गया। शिल्पा के भाई ने शिल्पा से पिज्जा बॉय को इतनी इज़्ज़त देने का कारण जानना चाहा तो शिल्पा ने कहा," पिज्जा बॉय पहले एक इंसान हैं उसके बाद पिज्जा बॉय। वह हमारे लिए इतनी दूर से सामान लाया है और हम तो अपने घर ही में बैठे हैं। ऐसे में अगर हम उसे थैंक्स बोलते हैं तो उसमें अपने कार्य के प्रति एक सम्मान बढ़ेगा और वह पूरे दिन प्रसन्नता के साथ अपना काम कर पायेगा। " शिल्पा के भाई ने शिल्पा की बात के महत्व को समझकर आज ही से अपने जीवन में थैंक्स शब्द को शामिल कर लिया।

धन्यवाद, शुक्रिया,आभार, थैंक्स ये शब्द हमारी ज़िन्दगी में सकारात्मकता उत्पन्न करने में बहुत महत्वपूर्ण भूमिका अदा करते हैं।

स्कूल में जब टीचर पेरेंट्स मीटिंग होती है और वहां आया/आंटी आदि पानी का गिलास लेकर पेरेंट्स के सामने आती हैं ऐसे में माता- पिता व बच्चों के द्वारा उनको धन्यवाद दिया जाना, उनके मुख मंडल पर आभा का संचार कर देता है। उनकी कार्य शीलता को बढ़ा देता है। वहां जितने भी नौकर होते हैं इस एक शब्द के बोल देने मात्र से वे अपने आपको छोटा महसूस नहीं करते। आप सभी लोग कभी ध्यान से देखीयेगा कि जब आप किसी को भी 'थैंक्यू' कहते हैं तो वह व्यक्ति बहुत खुश हो जाता है। निक्की एक छोटी बच्ची थी जब भी दुकान पर कुछ खरीदने जाती टा . टॉफी, चाकलेट आदि तो हाथ में सामान पकड़ते समय तुरंत दुकानदार को थैंक्यू ज़रूर बोलती। इस प्रकार वह दुकानदार भी खुश होकर उसे

सामान दे देता था। वह उस बच्ची की प्रतीक्षा भी करता था कि निक्की आयेगी और प्यारा सा थैंक्यू बोलेगी।

बहुत से लोगों को हमने देखा है कि वह किसी का सम्मान नहीं करना चाहते। अपने अहम में रहते हैं। वे थैंक्यू कहना तो दूर किसी से बात करके भी खुश नहीं होते। जब तक उनके जीवन में कुछ ऐसा घटित नहीं होता तब तक वे अपने आप में ही मग्न रहना पसंद करते हैं। सामाजिक कार्यों में भाग लेना भी उन्हें अच्छा नहीं लगता।

मयूर विहार कालोनी में रहने वाले दीपक और रंजीत एक ही दफ्तर में काम करते थे पर दोनों में अहम इतना अधिक था कि एक दूसरे के साथ दफ्तर तक जाना पसंद नहीं करते थे। जबकि दोनों एक ही दफ्तर में एक ही बॉस के अंडर मे काम कर रहे थे। दफ्तर में काफी लोग ऐसे थे जो आपस में मिल जुलकर एक साथ दफ्तर आते थे और कुछ तो इन दोनों को भी यही सलाह देते थे कि, "एक ही जगह रहते हो, एक ही दफ्तर में हो फिर भी एक साथ आना– जाना नहीं कर सकते? "

एक बार दीपक के बेटे राहुल के जन्मदिन की पार्टी थी। पास–पास रहने के कारण दीपक की पत्नी ने रंजीत के परिवार को भी पार्टी के लिए आमंत्रित किया। राहुल रंजीत के बेटे रिंकू का काफी अच्छा मित्र था।

रंजीत की पत्नी और रिंकू दीपक के बेटे के जन्मदिन की पार्टी में समय से आ गये। दोनों की पत्नियां आपस में अच्छी तरह से बातचीत करने लगीं। अब तक काफी मेहमान आ चुके थे। प्रतीक्षा थी राहुल के पिता दीपक की। सबका ध्यान दरवाजे की ओर ही लगा था। इतने में रंजीत सामने से आता दिखाई पड़ा। उसके हाथ में एक गिफ्ट था। राहुल दौड़कर रंजीत के पास गया। हाथ जोड़कर नमस्ते करते हुए पूछा, "अंकल, मेरे पापा नहीं आए क्या? " यह सुनकर रंजीत को एक झटका सा लगा। वह कुछ कहता इससे पूर्व ही दीपक की पत्नी बोल पड़ी, "भाईसाहब, वह आपके साथ ही आपके दफ्तर में हैं। क्या आप दोनों साथ नहीं आए? " एक साथ दो प्रश्न सुनकर रंजीत को अजीब तो लगा, पर वह कुछ नहीं

बोला क्योंकि वह यह भी नहीं कह सकता था कि दीपक के साथ उसकी इतनी दोस्ती नहीं है और ना ही अधिक बोलचाल है। उसने राहुल के हाथों में उसका गिफ्ट दिया और कोई बहाना कर अपनी पत्नी के पास आकर सोफे पर बैठ गया। उधर पार्टी में निरंतर देरी होते देख सबने पूछना शुरू कर दिया कि, "दीपक कब तक आयेंगे?" जिससे पार्टी शुरू हो, सब काम ठीक प्रकार से हो और सब अपने घरों को जाएं।।

दीपक को फोन किया गया पर फोन स्विच ऑफ आ रहा था।

रंजीत को बैठे बैठे रास्ते की बात याद आ रही थी। वह बेचैन सा दिख रहा था। जब दो घंटे बीत गये तब सबके लिए चिंता करना आवश्यक हो गया। रंजीत ने अपनी पत्नी से कहा कि वह दीपक को देखकर आता है। अपनी कार की चाबी उठाकर रंजीत बाहर की ओर निकल गया। कार में बैठा रंजीत रास्ते की घटना को याद कर रहा था और उसे पहली बार महसूस हो रहा था कि उसने कितनी भारी गलती कर दी।

दीपक और रंजीत प्रतिदिन की तरह आज भी   ऑफिस से छुट्टी होने पर घर जाने के लिए अपनी अपनी कार से निकले।

रंजीत पीछे था और दीपक आगे था क्योंकि आज दीपक को घर जल्दी पहुंचना था, उसके बेटे का जन्मदिन था। रंजीत भी अपनी कार से घर जा रहा था। थोड़ी दूर जाकर रंजीत ने देखा कि सड़क के एक कोने में काफी भीड़ लगी थी। शायद किसी का एक्सीडेंट हुआ था। पर उसने उस तरफ कोई ध्यान नहीं दिया और आराम से इस दुर्घटना को नज़रंदाज़ कर आगे बढ़ गया। आदत तो दोनों को पहले ही से ऐसी ही थी। उसके बाद रंजीत घर पहुंच चुका था। अब दीपक को ढूंढने रंजीत सड़कों के चक्कर काट रहा था। जहां एक्सीडेंट हुआ था वहां खून पड़ा था और टूटी हुई कार सड़क किनारे खड़ी थी। रंजीत ने अपनी कार रोककर वहां खड़े एक दो लोगों से जानना चाहा। पहले उसे किसी ने सही तरह से कुछ नहीं बताया पर पास ही में एक पान की दुकान थी। उसने रंजीत को इशारे से अपने पास बुलाया और बताया कि यहां एक कार और ट्रक की टक्कर हुई थी जिसमें कार का

चालक गंभीर रूप से घायल हो गया है और उसे पास के सिटी हास्पिटल में दाखिल करवाया गया है। उसका फोन वगैराह सब टूट चुके हैं इसलिए रिश्तेदारों से कोई सम्पर्क नहीं हो पा रहा था।

यह सब सुनकर रंजीत को बहुत अफसोस हुआ। शायद पहली बार उसे अहसास हुआ कि इंसान आपस में मिलने जुलने के लिए बात करने के लिए है, ना की मुंह फुलाकर बैठने के लिए। वह फटाफट अस्पताल गया और छानबीन करने के बाद उसे दीपक का पता चल गया। दीपक बैड पर लेटा हुआ था और उसका उपचार हो रहा था। रंजीत उसे करीब से देखना चाहता था पर डॉक्टर ने मना कर दिया। कमरे के बाहर जो कुर्सियां बिछी थीं रंजीत उन पर बैठ गया और मुंह पर हाथ रखकर रोने लगा। अब उसे यह समझ में नहीं आ रहा था कि दीपक के घर क्या कहे? आज उसके बेटे का जन्मदिन और यह दुख। क्या बीतेगी उसके परिवार पर?

उसने बहुत सोचा और हिम्मत जुटाकर दीपक के घर फोन मिलाया, " हैलो, भाभी जी, मैं रंजीत बोल रहा हूं। "

"जी भाईसाहब! कहीए। कहां हैं राहुल के पापा? "

भाभी जी ऑफिस में काम ज़्यादा होने की वजह से दीपक आज ऑफिस ही में रुका हुआ है और मुझे भी बॉस ने ऑफिस में दीपक के साथ रुकने को कह दिया है। अब मैं भी नहीं आ पाऊंगा। आप राहुल से केक काटने को कह दीजिए। मेहमानों को इंतजार करवाना सही नहीं होगा। "

दीपक की पत्नी ने दीपक से बात करनी चाही तो रंजीत ने यह कहकर टाल दिया कि दीपक मीटिंग में है। दीपक की पत्नी ने 'ओके' कहकर फोन रख दिया।

अब रंजीत सारी रात बाहर कुर्सी पर बैठा यही सोच रहा था कि आखिर उसने अपनी कार क्यों नहीं रोकी? और उस भीड़ को क्यों नहीं देखा? आज दीपक की जगह वह खुद भी तो हो सकता था।

पूरी रात रंजीत बेचैन होकर अस्पताल में दीपक के कमरे के आसपास चक्कर काटता रहा। उसका मन उसे दोषी ठहरा रहा था। अगले दिन रंजीत ने अपनी पत्नी को फोन कर सारी बात बताई और उससे कुछ भी किसी को ना बताने का आग्रह किया।

रंजीत ने अपनी पत्नी से अस्पताल आकर दीपक के पास बैठने व उसकी देखभाल करने को कहा। रंजीत की पत्नी सुबह का नाश्ता आदि साथ लाई और वहीं बैठी रही। इस बीच रंजीत घर जाकर फ्रैश होकर आया, साथ ही अपने ऑफिस में जाकर बॉस से बात की और मेडिकल क्लेम का फॉर्म भरा।

सबको दीपक के एक्सीडेंट के बारे में पता चल चुका था। सबने दीपक के स्वास्थ्य के लिए भगवान से प्रार्थना की और अस्पताल आकर मिलने को कहा। जिसे रंजीत ने फिलहाल मना कर दिया क्योंकि अभी तक दीपक को होश नहीं आया था। सबने सहमति जताई और जो भी संभव होगा, सहायता करने का आश्वासन दिया। जब तक दीपक को होश नहीं आया रंजीत ने उसके परिवार को सूचित नहीं किया। दीपक के सिर पर काफी चोट आने के कारण वह दो दिनों तक बेहोश रहा, तीसरे दिन उसने आंखें खोली तो सामने रंजीत को देखकर आश्चर्य से भर उठा। रंजीत उसके पास बैठ गया और उसका हाथ अपने हाथ में लेकर बोला, "यार तू सामने था तो तेरी कद्र नहीं की। आज तू इस हालत में है तो तेरी कमी बहुत महसूस हो रही है।"

दीपक ने उसे इशारे से 'थैंक्यू' कहा जिसे रंजीत ने आंखों के इशारे ही से सहमति दे दी। दीपक को होश आने पर रंजीत ने उसके परिवार में यह खबर दी। सब लोग अस्पताल आ गये। रंजीत ने दीपक के इलाज के लिए ऑफिस से पैसे आदि का सब का बंदोबस्त कर दिया। दो महीने लगे दीपक को अस्पताल से घर आने में। पर इस बीच रंजीत और दीपक के बीच सारी दूरियां समाप्त हो चुकी थी। सब कुछ ठीक हो जाने के बाद अब दीपक और रंजीत एक ही साथ एक ही कार में बातें करते हुए ऑफिस आने –जाने लगे।

दोनों को यह बात समझ में आ चुकी थी कि जब तक हम एक दूसरे के दुख दर्द में

शामिल नहीं होंगे, अलग रहेंगे, किसी से बात नहीं करेंगे,तब तक हम संसार में सही ढंग से जी नहीं पायेंगे। अब दीपक और रंजीत को ठोकर लगने के कारण ज़िंदगी में एक दूसरे की अहमियत का अहसास हो चुका था।

रुके रुके से थे जो अल्फ़ाज़

जब बढ़े आगे तो दिल में उतर गए।

महकने लगी वादियां

यही अल्फ़ाज़ ज़िंदगी का सबब बन गए।।

थैंक्यू शब्द ने किस प्रकार सम्मान दिलाया?

एक फैक्टरी में रामदीन काका रिक्शा से सामान लाने ले जाने का काम किया करते थे। एक बार एक सेठ फैक्ट्री में आया और उसने कुछ सामान खरीदा। फैक्टरी के मालिक ने कहा कि "अभी किसी रिक्शा चालक से आपके यहां सामान पहुंचवाते हैं।" मालिक को उस समय आश्चर्य हुआ जब वह सेठ बोला कि सेठ का सामान केवल रामदीन काका ही की रिक्शा से उनके घर भिजवाइये।

फैक्टरी के मालिक को यह सुनकर अजीब लगा और उसने इसका कारण पूछा तब सेठ ने जवाब दिया," रामदीन काका ने मेरे बच्चों को 'थैंक्यू' कहना सिखाया है।"

विस्तार से जानने की इच्छा को देखते हुए सेठ ने बताया कि एक दिन रामदीन काका कुछ सामान लेकर सेठजी के घर पर आये थे। सेठ के बच्चे पास ही के बगीचे में खेल रहे थे। बच्चों ने नौकर से जूस मांगा तो नौकर जूस लेने अंदर चला गया। रामदीन काका ने पानी मांगा तो नौकर ने पहले तो उन्हें बगीचे में रखी कुर्सी पर आराम से बैठने को कहा और फिर पानी पिलाया। बच्चों ने देखा कि पानी का गिलास हाथ में लेते समय भी रामदीन काका ने 'थैंक्यू' कहा और पानी पी लेने के बाद गिलास ट्रे में वापिस रखते हुए भी 'थैंक्यू' कहा।

जिससे नौकर को बहुत खुशी हुई और उसने रामदीन काका को चाय के लिए भी पूछा जो उन्होंने मना कर दिया। अब नौकर बच्चों के पास जूस लेकर गया। सेठ जी को यह देखकर आश्चर्य हुआ कि बच्चों ने पहली बार नौकर को जूस के बदले में 'थैंक्यू' बोला था। जिससे नौकर व सेठजी बहुत खुश हुए। तब से लेकर आज तक हर काम में हम सब एक दूसरे को 'थैंक्यू' बोलकर सामने वाले के प्रति आभार व सम्मान प्रकट करते हैं।

जो हम इतने पढ़ें लिखे होकर अपने बच्चों को नहीं सिखा पाए वह एक ही दिन में रामदीन काका ने सिखा दिया।

कुछ छोटी छोटी घटनाएं भी हमारे जीवन को प्रभावित कर बहुत कुछ बदलने की ताकत रखती हैं।

शब्दों है जीत लो दिल

बना लो अपना।

मिलती खुशियां शब्दों से

अच्छा लगता है जब यही शब्द

देते खुशी किसी दूसरे को।

यही खुशी होंठों पर

लाती मुस्कुराहट और

दिल को चैन दे जाती है।

ज़िंदगी में समझदारी से आगे बढ़ो

कहते हैं कि बुरा वक्त कभी कहकर नहीं आता। इस बुरे वक्त में कुछ लोग टूट कर बिखर जाते हैं और कुछ लोग संभल कर निखर जाते हैं।

बुरा वक्त सिखाता संभलना,

यदि मन में होगी सकारात्मकता।

अन्यथा बिखरकर टूट जाओगे,

दोस्तों! फिर तुम कभी

संभल ही नहीं पाओगे।

ज़रूरी है आगे बढ़कर

समझदारी दिखाना और

ख्वाबों को नई दिशा देना।।

कुछ ऐसा ही समझदारी का परिचय गांव की भोली भाली अनन्या ने दिया।।

अनन्या डेरा गाँव के एक साधारण परिवार से सम्बंध रखती थी। पिता के खेत खलिहान थे। खेतों से जो धन प्राप्त होता उसी में परिवार का गुज़ारा हो पाता था। तीन भाई बहनों में अनन्या सबसे बड़ी और बहुत बुद्धिमान संतान थी। पढ़ने में रुचि होने के कारण उसके पिता ने उसे आगे की पढ़ाई के लिए शहर भेज दिया। वहाँ वह महिला हॉस्टल में एक कमरा किराए पर लेकर रहने लगी। उस कमरे में दो लड़कियाँ और भी रहती थीं। मीना और शांति नाम की। अनन्या जानती थी कि उसके पिता उसकी शिक्षा पर अधिक पैसा खर्च नहीं कर पायेंगे तो उसने पढ़ाई के साथ- साथ अपनी पार्ट-टाइम नौकरी के बारे में भी विचार किया। अनन्या ने अपनी रूम पार्टनर्स से बात करके शाम के एक स्कूल में नाईट टीचर की

नौकरी करनी शुरू कर दी। लड़की सीधी साधी थी। गांव की लड़की शहर में एडजस्ट करने में समय लेती ही है। एक रात अनन्या नाईट स्कूल से लौट रही थी उसी समय कुछ गुंडे उसे छेड़ने लगे। अनन्या घबराकर रोने लगी। वहाँ एक लड़का अजय नाम का आया और उसने अनन्या की सहायता की। यह वही लड़का था जो अनन्या के साथ नाईट स्कूल में अध्यापन कार्य करता था।

कमरे पर आकर अनन्या ने शांति और मीना को सबकुछ बता दिया। उन दोनों ने अनन्या को समझाते हुए कहा कि अनन्या को शहर में रहने के लिए अपने आप को बदलना होगा। अपने अंदर ताकत व हर परिस्थिति से लड़ने के लिए हिम्मत पैदा करनी होगी वरना वह शहर में सरवाईव नहीं कर पायेगी। सलवार सूट वाली लड़की को कॉलेज में कोई महत्व नहीं देता। कपड़ों में बदलाव लाना होगा। अच्छे जींस टॉप पहनकर रहो। अनन्या ने इससे पहले कभी इस तरह के कपड़े नहीं पहने थे। अगली रात स्कूल में अजय ने भी अनन्या को समझाया कि वेशभूषा बदल लेने से हम अपने संस्कारो से भी जुड़े रहे सकते हैं। बस कपड़े ऐसे पहनो कि खुद को भी अच्छे लगें और समाज को भी लगे कि यह आधुनिक लड़की है।

अब अजय अनन्या को हर रात हॉस्टल तक छोड़ने आया करता था। अजय अनन्या का अच्छा दोस्त बन चुका था। उसने अनन्या को पढ़ाई, लिखाई, नौकरी के साथ शहर में रहने लायक बना दिया। अनन्या के जन्मदिन पर अजय ने अनन्या को मोबाइल फोन गिफ्ट किया और फोन का इस्तेमाल करना भी सिखाया। अब तक अनन्या बटन वाला फोन ही उपयोग में लाती थी। आज उसके पास अजय का दिया मोबाइल आ चुका था। अनन्या को इस शहर में अपनापन देने वाला एक प्यारा दोस्त अजय मिल चुका था जो अनन्या के काफी करीब आ चुका था।

धीरे धीरे अनन्या ने अपनी सहेलियो के साथ रहकर मोबाइल, कम्प्यूटर आपरेटर करना आदि सब सीख लिया था। अनन्या पढ़ाई के साथ साथ मोबाइल पर भी काम करने

लगी थी। दो साल मे ही अनन्या में काफी बदलाव आ चुका था। गाँव की भोली अनन्या शहर के रंग मे रगनी शुरू हो चुकी थी। पर अपनी संस्कृति व रीति रिवाजों को अनन्या सदैव याद रखती थी। बीच बीच में कभी गांव चली जाती थी पर अधिकतर समय शहर ही में रहकर बिताती थी। गांव जाकर अपने भाई बहनों व माता पिता की धन से सहायता भी करती थी। अब अजय अनन्या से विवाह करना चाहता था पर अनन्या ने मना कर दिया क्योंकि उसे अच्छी नौकरी कर अपने परिवार को संभालना था। अनन्या का स्नातकोत्तर पूरा हुआ अब वह बीएड कर किसी अच्छे कालेज में पढ़ाना चाहती थी।

उसके लिए फिर धन की आवश्यकता हुई। कोशिश करने पर अनन्या को किसी ऑफिस में कम्प्यूटर ऑपरेटर की नौकरी मिल गई। वहां का मालिक अच्छे विचारों का व्यक्ति नहीं था। वह अनन्या पर गंदी दृष्टि रखता था पर अनन्या ने उसकी तरफ कभी कोई ध्यान नहीं दिया। अजय अनन्या से काफी बार शादी के लिए कह चुका था जिसे अनन्या ने मना कर दिया था।

अजय ने देखा कि अनन्या दिल के साथ साथ अन्य बातों में भी काफी अच्छी व समझदार लड़की है। ऐसे ही काम के सिलसिले में वे दोनों कई बार एक ही कमरे में ठहरे पर अनन्या व अजय के बीच शर्म व हया का पर्दा कभी नहीं हटा। यह बात अजय को बहुत आकर्षित करती थी।

एक दिन अनन्या के बॉस ने अनन्या से अतिरिक्त काम करने के लिए रूकने के लिए कहा तो अनन्या ने मना कर दिया। बॉस हर हाल में अनन्या को हासिल करना चाहता था। जब अनन्या उसकी चुपड़ी बातों में नहीं आई तो उसने अनन्या को ब्लैकमेल करने की साज़िश रची। अनन्या के कुछ फोटो लेकर एक फोटोग्राफर को दिए और किसी पोर्नस्टार हीरोइन के चेहरे पर लगा दिए।

अब मालिक ने अनन्या को वे तस्वीरें दिखाई जिनसे अनन्या परेशान हो उठी और बदनामी के डर से वह काफी अपसेट रहने लगी। उसका ध्यान अब किसी काम में नहीं

लगता था। अजय ने अनन्या को ऐसे सोच विचार में देखा तो कारण पूछा अनन्या ने अजय को सबकुछ बताया और कहा कि वह इस परेशानी से हर हाल में निपटना चाहती है। अजय जानता था कि अनन्या चरित्र की बहुत पवित्र व मज़बूत लड़की है वह कभी ऐसा ग़लत काम करने का सोच भी नहीं सकती। अजय ने अनन्या को कुछ समझाया और फिर उसे यह आश्वासन दिया कि जो भी होगा वह हमेशा उसके साथ है।

उधर, बॉस अनन्या पर प्रभाव डालने का भरसक प्रयास निरंतर कर रहा था कि अगर अनन्या ने उसकी बात नहीं मानी तो वह पूरी दुनिया में उसके फोटो पब्लिश करवा देगा।

अनन्या ने बिना घबराएं इस समस्या से बाहर निकलने का दृढ़ संकल्प किया। अजय भी पीछे से उसकी मदद कर रहा था जिससे अनन्या को शक्ति मिल रही थी।

अजय ने अनन्या को कुछ समझाया जिसे अनन्या ने हां में सहमति दे दी।

उसने मालिक से कहा कि वह कुछ दिनों के लिए अपने गांव जाना चाहती है वहां से लौटकर जो भी वह कहेगा अनन्या वही करेगी।

बॉस अनन्या के झांसे में आ गया और उसे एक सप्ताह की छुट्टी दे दी। अब अनन्या गांव का बहाना कर दूसरे शहर में जाकर आंगनबाड़ी की महिलाओ से मिली और कुछ सामाजिक संस्थाओं से भी मिली। उन सबको अपने बारे में सारी बात बताई।

एक सप्ताह में ही अनन्या ने अपने चारों ओर एक मज़बूत दीवार खड़ी कर दी। अब इन सबने मिलकर महिला पुलिस की सहायता लेकर अनन्या को इस जाल से बाहर निकालने में मदद का आश्वासन दिया।

एक सप्ताह हो जाने के बाद अनन्या वापिस अपनी कम्पनी में आई। बॉस बेसब्री से अनन्या की प्रतीक्षा कर रहा था। अनन्या उसके केबिन में जाकर बोली कि, "सर क्या यहीं पर सब करना है क्या? "

उसकी यह बात सुनकर बॉस बहुत खुश हुआ और समझ गया कि मछली आखिर जाल में फंस ही गई। रात के समय बॉस ने अनन्या को अपने फार्म हाउस में बुलाया। अनन्या वहां

पहुंच गई और उसने बड़ी चालाकी से बॉस से कह कि वह एक बार उन सब फोटो को देखना चाहती है जो उसे बॉस ने दिखाए थे। मस्ती में डूबा बॉस खुश हो गया और वे फोटो अनन्या के हाथों में थमा दिए।

अनन्या ने ध्यान से सारे फोटो देखे और एक और संभाल कर रख दिए। अब बॉस उसके समीप आने लगा तो अनन्या ने तेज़ी से चिल्लाकर किसी को आवाज़ लगाई। फार्म हाउस को पुलिस ने चारों ओर से घेर लिया था और समाज सेवी संस्था की महिलाएं भी वहां आ चुकी थी उन्होंने अनन्या के फोटो आदि अपने कब्जे में किए। पुलिस बॉस को पकड़कर ले गई। इन सब में अजय ने अनन्या का बहुत साथ दिया। अनन्या को पुलिस व समाजसेवी संस्थाओं के द्वारा शाबाशी दी गई।

इसके बाद अनन्या ने दूसरी कम्पनी में नौकरी की और अपने भाई बहनों को पढ़ाया। अजय के साथ उसका विवाह उसके माता पिता ने किया और कहा कि अजय जैसा समझदार जीवन साथी उसकी समझदार बेटी के लिए बहुत उपयुक्त वर है।

इस प्रकार अनन्या ने अपने सकारात्मक विचारों के कारण अपने आपको अपमानित होने से बचा लिया।

ज़िंदगी नाम हिम्मत का,

जो मन को हौंसला देती है।

करो काम बुद्धिमानी से

प्रत्येक से यही कहती है।

घबराकर ना बैठो तुम

बढ़ो आगे सामना करो

डरकर भगो नहीं

डटकर मुकाबला करो।।

ज़िंदगी मिलती एक बार
करो साकार सपने तुम
सकारात्मक विचारों से भरो
अपने हृदयों को तुम।।

ज़िंदगी चुनौतियों का नाम

मंजिल मिलेगी एक दिन,

मानव ! तू घबराना छोड़ दे।

खुशियाँ आयेगी जीवन में,

बहाने बनाना छोड़ दे।

यूँ हाथ पर हाथ रखकर,

बैठने से नहीं होगा कुछ।

मंज़िल हासिल करनी है अगर

आलस करना छोड़ दे।

रास्ते में यदि ठहर गए,

पहुंचोगे नहीं मंजिल तक।

पछताओगे जीवन भर,

मार्ग बदलना छोड़ दे।

आएं चाहें तूफान कितने भी,

चाहें आंधी से भरा हो मार्ग,

कांटे बिछे हो राहों में

चाहे कितने भी हज़ार।

यूँ बातें बनानी छोड़ दे।

जीवन में जो कुछ करनाें चाहते,

बातें नहीं करते इधर – उधर की।

एकाग्र होते हैं मंज़िल की ओर,

नित नई कहानी बनाना छोड़ दे।

अपने कर्मों पर करो विश्वास,

समय नहीं करो कभी बरबाद।

निरन्तर आगे बढ़ते रहो,

दोष भाग्य को देना छोड़ दे।

ज़िंदगी को चुनौती भी कहें तो आश्चर्य की बात नहीं होगी क्योंकि ज़िंदगी है तभी हमारे सामने चुनौतियां, सपने, उमंगे, उत्साह, साहस, परिश्रम आदि हैं। ज़िंदगी है तभी एक उद्देश्य भी हमारे साथ चल रहा है जिसे हमें पूरा करना है। आपने देखा भी होगा कि मनुष्य जब तक जीवित रहता है प्रतिदिन किसी ना किसी काम में व्यस्त रहता ही है। क्योंकि यह जीवन है और जीवन चलने का नाम है। एक उद्देश्य का नाम है। एक ख्वाहिश का नाम है। मृत्यु ज़िंदगी का वो अंतिम पड़ाव है जहां केवल अंधेरा है इसलिए जीवन को प्रकाश भी कहा गया है।

ज़िंदगी मेरे घर आना

मेरी खुशियों को पंख देकर

मेरे सपनों को जगाना

मेरे अन्तर्मन में जागरण कर

मुझे मेरे प्रकाश से मिलाना

ज़िंदगी मेरे घर आना।।

रोहन प्रताप की एक कहानी आपको सुनाती हूं जिसमें उसने समाज को अपनी सेवा

देकर, अपने जीवन को एक नये प्रकाश से सराबोर कर दिया।

कहानी का नाम है "चमत्कारी दवा"

पूरा मैदान लोगो से खचाखच भरा था। तालियों की गड़गड़ाहट चारों ओर गूँज रही थी। सभी बहुत खुश दिखाई दे रहे थे। स्टेज पर नेता लोगों को सम्बोधित कर रहे थे। उनके बराबर मे एक 26 वर्ष का नवयुवक खड़ा था। उसके गले मे फूलों की माला थी और वह मंद- मंद मुसकुरा रहा था। उसको यह पुरस्कार "चमत्कारी दवा" के लिए दिया गया था। मीडिया भी आई हुई थी और सब उस नवयुवक का साक्षात्कार लेना चाहते थे।

उस नवयुवक ने कहा कि वह अपने दादा- दादी के साथ अपना साक्षात्कार देना पसंद करेगा। कार्यक्रम पूर्ण हुआ। वह अपने घर जाने लगा और मीडिया भी उसके साथ साथ उसके घर आ गई। एक साधारण सा घर था। समामने एक वृद्ध महिला और एक वृद्ध पुरुष कुर्सी पर बैठे हुए थे।

माता पिता भी समीप ही बैठे थे। मीडिया ने नवयुवक से इस उपलब्धि का कारण जानना चाहा तो उस नवयुवक ने बताना शुरू किया।

काबुलपुरा एक छोटा सा गाँव था। वहाँ अधिक सुविधाएं उपलब्ध नहीं थी। हर चीज़ के लिए बाहर जाना पड़ता था। रोहन प्रताप एक किसान का बेटा था। रोहन वैज्ञानिक बनना चाहता था। उसने देखा कि गाँव मे रहते हुए वह अपना यह सपना पूरा नहीं कर पायेगा। इसलिए शिक्षा प्राप्त कर व आगे की पढ़ाई के लिए अमेरिका चला गया। इस में उसके दादा- दादी ने उसका पूरा साथ दिया। दादा के कहने पर उसके पिता ने अपने खेत का एक छोटा हिस्सा बेचकर रोहन को विदेश भेजा था ताकि वह एक वैज्ञानिक बनकर आए और अपने गाँव को प्रगति व उन्नति के शिखर पर ले जा सके।

पाँच – सात वर्षों बाद रोहन गाँव आया पर अब वह काफी बदल गया था। उसका मन अब कहाँ गाँव मे लगने वाला था। उसने स्पष्ट शब्दों में कह दिया कि वह अमेरिका मे एक कम्पनी में इंटरव्यू देकर आया है और वहीं जाने का विचार कर रहा है। उसके पिता जी

बहुत नाराज़ हुए। दादा जी ने उसके पिता को शांत रहने के लिए कहा। दादाजी रोहन को अपने साथ अपने खेतो में ले गए और उससे खेती से सम्बंधित बाते करने लगे पर रोहन का मन था कि अमेरिका में ही खोया हुआ था। वह वहीं नदी के किनारे बैठकर सोचने लगा। उसके दादा जी को उनका एक पुराना मित्र मिल गया जो उन्हें अपने साथ थोड़ी दूर ले गया। अब रोहन अमेरिका जाने की ही प्लानिंग मे लगा था। इतने में उसके कानो में पीछे से अजीब सी आवाज़ सुनाई पड़ी। उसने पलटकर देखा एक काले रंग का बच्चा खड़ा था और उसकी आँखे बैंगनी रंग की थी। होंठ पीले रंग के थे। शरीर पर हल्के हल्के पीले रंग के बाल थे। कानो के स्थान पर दो सींग थे। हाथो का आकार एक व्यक्ति से औसतन थोड़ा बड़ा था। पैर छोटे थे। रोहन उसे देखकर बुरी तरह से डर गया और भागने लगा। वह भी पीछे पीछे भागने लगा। इतने में रोहन को लगा कि किसी ने उसका पैर पकड़ लिया है। रोहन चाहते हुए भी अब दौड़ नहीं सकता था। वह काला छोटा अजीब मानव रोहन के सामने आ गया और उसने अपने बालों मे लगा एक बटन पुश किया। जिसके माध्यम से हिंदी मे रोहन सुन व समझ सकता था। वह बोला,–” देखो, तुम डरो मत। मैं दूसरे ग्रह से आया हूँ। मै एक अलबामा एलियन हूँ। मेरे माता पिता और मैं (यू0एफ0ओ0)

UFO (अनआइडेंटिफाइड फ्लाइंग ऑब्जेक्ट) यानि की एक उड़न तशतरी से सैर करने निकले थे। मैं शरारत कर रहा था और मैं नीचे गिर पड़ा। अब मै यहाँ अकेला हूँ, मुझे अपने ग्रह पर लौटने के लिए तुम्हारी मदद चाहिए। ”

रोहन को उसकी बातों पर विश्वास हो गया।

उसने उसकी मदद करने की बात कही और उसे अपने कपड़े पहनाकर अपने साथ छुपते छुपाते पीछे के दरवाज़े से अपने घर ले गया। वहाँ उसे अपने कमरे में छुपाकर रखा। अलबामा एलियन देखने में भले ही अजीब व डरावना सा लग रहा था पर बहुत प्यारा था। दो तीन दिन में ही उसकी रोहन से दोस्ती हो गई। रोहन ने अपने कमरे में ही कुछ प्रयोग किए, अलबामा एलियन के बालो में जो बटन लगे थे उसके माध्यम से उसने कुछ तारों को

जोड़कर कनैक्ट किया। जितना भी हो सकता था उसने एलियन के लिए करने का प्रयास किया। एक सप्ताह के अथक प्रयास से

यू0एफ0ओ0 और दूसरे ग्रह से सम्पर्क स्थापित हो गया। अलबामा एलियन ने अपने माता पिता से बात की। वे यू0एफ0ओ0 से उसी जंगल में आए और रोहन ने अलबामा एलियन को उसके माता पिता के हाथों में सौंप दिया। अलबामा एलियन ने रोहन को एक टॉर्च दी जिसमे एक लाइट लगी थी जो जलती थी। अलबामा ने रोहन को इशारो में समझाया कि जब भी मेरी आवश्यकता होगी यह टॉर्च का बटन दबा देना यानि स्विच ऑन कर देना। मुझ तक इसकी रौशनी आ जायेगी और मैं तुम्हारी मदद के लिए आ जाऊगाँ।

रोहन ने अलबामा को खुशी खुशी विदा किया और वापिस घर आ गया। अब वह अमेरिका से आने वाले कॉल लैटर की प्रतीक्षा कर रहा था। अचानक गाँव में एक व्यक्ति के पेट में तेज़ दर्द हुआ और उल्टियाँ लगनी शुरू हुई। वहीं पास के कस्बे के एक डाक्टर को दिखाया। उसने दवा दी, पर कोई लाभ ना हो सका। एक सप्ताह के भीतर उसकी मृत्यु हो गई। मरने से पूर्व उसे एक खून की उल्टी हुई। अब गाँव में धीरे धीरे सभी इस बीमारी का शिकार होना शुरू हो गए।

रोहन एक वैज्ञानिक था। उसने एक व्यक्ति के ब्लड, यूरिन, उल्टी से निकलने वाले पानी आदि की शहर जाकर जाँच कराई। वह यह देखकर और सुनकर हैरान हो गया कि यह एक वायरस है जो किसी भी आयु के व्यक्ति को अपना शिकार बना लेता है और यह वायरस व्यक्ति की त्वचा से उसमें प्रवेश करता है। यानि कि जब कोई बिना चप्पलों और जूतो के चलता है तब यह उसकी त्वचा में प्रवेश करता है। यहाँ तक की व्यक्ति यदि नहाता भी है तब भी यह उसके पैरों के माध्यम से उसकी आँतो तक पहँच कर उन्हें तेज़ी से गलाना शुरू कर देता है। जिससे व्यक्ति के पेट मे दर्द होना शुरू हो जाता है और एक घंटे के भीतर उल्टियाँ। जब आंतो का सारा पानी समाप्त हो जाता है तब रक्त की एक उल्टी होती है और उसके कुछ ही मिनटों मे मृत्यु। रोहन बड़ा परेशान हो उठा क्योकि उसके गाँव मे अधिकतर

किसान बिना चप्पलो के ही खेतो में घुसकर काम करते हैं। पर, यह तो काफी पुराना चलन है। किस किस को रोहन समझायेगा? अशिक्षित ग्रामीण हैं किसकी समझ में क्या आयेगा?

रोहन ने शहर में एक दो डाक्टरो से बात की। उसने कुछ महत्वपूर्ण सामान खरीदा और घर आ गया। उसने अपने घर में यह बात बताई किसी ने विश्वास नहीं किया। दादा– दादी ही थे जिन्होनें रोहन की बात पर हाँ में हाँ मिलाई। गाँव मे यह बीमारी प्रतिदिन बढ़ती ही जा रही थी। रोहन ने कैंप लगाएं, शहरी डाक्टरों की मदद ली। ग्रामीणों को समझाया कि पैरो को ढककर रखो। खुले मे मत नहाओ, खेतो मे बिना चप्पलों के मत जाओ। पर ग्रामीणों को रोहन की बातो पर विश्वास तो होना दूर उन्होनें उसे विलायती बाबू कहना शुरू कर दिया। उसकी आलोचनाएँ होने लगीं। पर रोहन नहीं घबराया। उसने अपने कमरे को लैबोरेट्री में बदल दिया और दिन रात दवा बनाने में जुट गया। वह अपने सामने मरते हुए लोगो को नहीं देख पा रह था। उसकी समझ में कुछ भी नहीं आया कि वह क्या करे? उसने किताबे खोली, कैमिकल्स एकत्र कर नित नये प्रयोग किए। उसने घर के चूहो पर उन प्रयोगो को लागू किया पर यह क्या चूहे मर गए।

अब उसने एक प्रकार के पत्थर के बारे मे पढ़ा जो इस वायरस को खत्म करने में कारगर साबित हो सकता था। उसने काफी कोशिश की कि कहीं से वह पत्थर मिल जाए। उसने शहर में जाकर ऐसे पत्थर की खोज की, पता किया, पर ऐसा पत्थर मिलना तो दूर , किसी ने नाम तक नहीं सुना था। वह बहुत परेशान था, इसी बीच उसका अमेरिका से कॉल लैटर आया। माता पिता, दादा दादी ने रोहन से वहाँ जाने को कहा कि महामारी फैल रही है। अब वह वहाँ जाकर सुरक्षित रह सकता है। रोहन ने साफ मना कर दिया कि यहाँ मेरा गाँव महामारी से मर रहा है और ऐसे में मैं अमेरिका चला जाऊँ ऐसा मैं नहीं कर सकता।

परिवार वालो को रोहन पर बड़ा गर्व महसूस हो रहा था। उन्हें यही लग रहा था कि कुछ महीने पहले रोहन अमेरिका जाने के लिए कितना परेशान था और आज देखो। एक तरफ उन्हें रोहन के यहां रहने पर खुशी थी तो दूसरी तरफ एक डर भी था कि कहीं रोहन को

कुछ हो ना जाए।

अब रोहन ने और प्रयोग करने शुरू कर दिए। वह दिन रात दवा बनाने मे जुट गया। उसने सरकार से मदद माँगी। सबने उसकी मदद की। बड़े बड़े चिकित्सको से वह मिला। पर दवा बनकर तैयार ना हो सकी। आधे से अधिक गाँव बीमारी की चपेट मे आ चुका था। आसपास के गाँवो में भी यह बीमारी फैलती जा रही थी। एक दिन प्रयोग करते समय रोहन को वह टॉर्च याद आ गई जो अलबामा एलियन ने उसे चलते समय दी थी। वह उसी समय जंगल में गया और उसने वह टॉर्च ऑन की। थोड़ी प्रतीक्षा के बाद उड़न तशतरी उसके सामने थी। उसमें से अलबामा एलियन बाहर आया और उसने रोहन से कोड भाषा में कुछ पूछा। रोहन ने सब कुछ बता दिया। अलबामा एलियन ने अपनी सांकेतिक भाषा में कुछ इशारा किया और चला गया।

अगले दिन जंगल में जाकर रोहन ने फिर टॉर्च ऑन की और एलियन को बुलाया। एलियन के हाथों में तीन चार बड़े बड़े पत्थर के टुकड़े थे। जो शीशे की तरह चमक रहे थे। रोहन ने वे उससे ले लिए और एलियन को अलविदा कहकर जल्दी से घर जाकर अपने कमरे में चला गया। वहाँ उसने उन पत्थरो को पानी में भिगोकर एक दिन और एक रात रखा। फिर एक प्रकार के एसिड में उन्हें.डुबोया। इससे वह मुलायम हो गए। फिर उन्हें पीसकर उसमे काफी चीज़े मिलाकर एक टैबलैट बनाई। पर यह क्या उसकी महक इतनी बदबूदार थी कि कमरे के अंदर से भी बहुत गंदी महक बाहर जा रही थी। जब उसने एक बीमार ग्रामीण को उसे खाने के लिए कहा उसने साफ इंकार कर दिया।

रोहन ने बहुत कोशिश की पर कोई भी उस दवा को खाने को तैयार नहीं हुआ। रोहन ने हार नहीं मानी और एक इंजैक्शन तैयार किया। वह इंजैक्शन एक बिल्ली को लगाया। बिल्ली तुरंत मर गई। ग्रामीणों में रौष फैल गया कि रोहन उन सबको मारने अमेरिका से यहाँ आया है।

इसी बीच रोहन के दादा– दादी को यह बीमारी हो गई। दोनो पेट दर्द और उल्टी से

परेशान थे। कमजोरी के कारण दोनो के पैरो की शक्ति चली गई। माता पिता का रो रोकर बुरा हाल था। डॉक्टर को भी बुलाने या दिखाने से क्या लाभ जब कोई भी दवा आराम ही नहीं दे रही थी। दादा- दादी निरन्तर उल्टियाँ कर रहे थे। एक दो दिन बीत गए पर उल्टियां नहीं थमी। अचानक रोहन ने देखा कि दादाजी को खून की उल्टी आ गई है। रोहन समझ गया कि अब उनका अंतिम समय है। उन्होनें दादाजी से पूछा कि क्या वह उन्हें अपना बनाया इंजैक्शन लगा सकता हैं। उन्होने इशारे से "हाँ" कह दी। रोहन ने एक क्षण भी बिना रुके दादाजी को इंजैक्शन लगा दिया। यानि की मरने से ठीक पाँच मिनट पहले। दादाजी बेहोश हो गए। वहाँ उपस्थित सभी ग्रामीणो ने शोर मचा दिया कि रोहन ने अपने दादाजी को मार डाला। उसके माता पिता भी कुछ नहीं बोल सके।

दादी ने कहा,-" बेटा मुझे भी इंजैक्शन लगा दे।" मुझे अपने रोहन पर पूरा भरोसा है। दादी ने भी इंजैक्शन लगवाया और बेहोश हो गई। सबने रोहन को हत्यारा कहना शुरू कर दिया। ठीक पन्द्रह – बीस मिनट के बाद दादा दादी को होश आया तो उनका पेट का दर्द ठीक हो चुका था। उल्टियाँ भी रूक चुकी थीं। रोहन समझ गया कि यह इंजेक्शन पशुओं पर काम नहीं करेगा इसलिए वह बिल्ली चूहा मर गये थे। अब खुश होकर

ग्रामीणो ने रोहन को गोद में उठा लिया और जय जयकार करने लगे। लंबी लाइने लग गई। बाहर से डाक्टरों को बुलाया गया। दिन रात काम चला। दवाईयाँ बनी और मरीज़ो को खिलाई गई। खेतो में भी सरकार की तरफ से इस प्रकार की दवा डालने का प्रबंध किया गया। आस पड़ोस के ग्रामीण इलाकों से लोगो ने आना शुरू कर दिया। छ महीने में गाँव महामारी मुक्त हो गया। वहां के नेता ने रोहन को सम्मानित करने की घोषणा की।

आज रोहन का सम्मान दिवस था। रोहन बहुत खुश था कि वह अमेरिका नहीं गया और अपने देश में रहा। अब वह यहीं रहकर अपने माता पिता व गाँव की सेवा करेगा। रोहन ने एलियन वाली टॉर्च उसी को वापिस कर दी। अब रोहन बहुत खुश था।

अगले दिन विभिन्न समाचार पत्रों मे रोहन का साक्षात्कार प्रकाशित हुआ। यहां यह

कहानी केवल एक कहानी नहीं है बल्कि एक सीख है कि ज़िंदगी जब तक है तब तक एक चुनौती समझकर इसे स्वीकार करो और हर परिस्थिति का सामना कर अपने लिए खुशियां तलाशो।।

चुनौतियां कहां नहीं?

हर जगह हैं

यहां– वहां हर क्षेत्र में हैं।

मत घबरा मानव,

हिम्मत दिखा और बढ़ आगे।

ज़िंदगी मेरे घर आना

कहने से नहीं आयेगी

कुछ कर दिखाना होगा

ज़िंदगी को जीतकर

हर जंग को अपनाना होगा।।

ज़िंदगी एक रौशनी है

ज़िंदगी एक रौशनी है जिसकी चमक सभी पर पड़ती है। अपने जीवन को अच्छे कामों से महकाओ। ऊंच- नीच, अमीर- गरीब,काला गोरा ज़िंदगी नहीं मानती। ज़िंदगी सबको समान अधिकार देती है जीने का और खुश होने का।

रौशन करेगें जहाँ,

ना कोई दुख होगा ना होगा ग़म।

सबको देगें सम्मान,

ना कोई अपमानित होगा

ना होगा कोई , किसी से कम।

रौशनी फैलाकर समाज में,

अंधेरो को हटाना होगा।

घर घर जाकर खुशहाली का,

दीपक फिर जगाना होगा।

मिटा देगें हर बुराई ,

जो देती है दुख के भाव।

गरीब हो या अमीर सबको,

गले लगाना होगा।

रौशनी होगीं ऐसी जो

चमकेगी दिन में भी,

ऐसी रौशनी से हम

घरो को सजायेगें।
अंधकार ना रहेगा हृदयों मे
फिर किसी के,
मानव को मानव का
फिर मित्र बनायेगें।
कर लो प्रेम इंसानियत से
ना रखो मन में कोई द्वेष
प्यार से जीतो दिल जग का
किसी ने ना करो कभी क्लेष।।

प्यार कभी मरता नहीं

आज सुबह ही से दिशा का मन नहीं लग रहा था। काफी बेचैन थी क्योंकि आज शाम उसको देखने के लिए लड़के वाले आ रहे थे। पर वह शादी नहीं करना चाहता थी।

वह अपने बचपन के दोस्त राजेश से शादी करना चाहती थी। पर घर वाले राजेश और दिशा की शादी के विरुद्ध थे। कारण था राजेश का बहुत अधिक धनवान होना और दिशा एक गरीब सब्जी बेचने वाले की बेटी थी। दिशा और राजेश बचपन से एक ही स्कूल में पढ़े थे। दिशा के माता पिता निर्धन थे। माँ सिलाई करती थी। दिशा और मीना दो बहनें थीं। किसी तरह से पिता ने दिशा को बी. ए. तक शिक्षा प्राप्त करवा दी थी। मीना छोटी थी। वह अभी स्कूल ही मे पढ़ रही थी।

राजेश बेशक अमीर परिवार का था, पर घमंड उसमे रत्ती भर भी नहीं था। वह दिशा को अच्छा दोस्त मानता था। स्कूल में दोनो दोस्त की ही तरह से रहते थे।

बाद में वह कालेज में जाकर अलग अलग हो गए क्योंकि राजेश ने इंजीनियरिंग मे एडमिशन ले लिया और दिशा ने बी. ए. में।

पर फिर भी सभी दोस्त आपस मे मिलते रहते थे। कभी किसी के जन्मदिन की पार्टी में, कभी किसी के घर परिवार में कोई उत्सव या समारोह होता तो सब आपस में एक दूसरे को बुलाते थे।

दिशा के साथ प्यार की शुरुआत तब हुई जब राजेश की बड़ी दीदी की शादी हुई। दिशा भी अपनी सहेलियों के साथ आई। अधिक दूरी पर घर ना होने के कारण दिशा के माता पिता ने दिशा और मीना दोनो ही को राजेश की दीदी की शादी की हर रस्म में शामिल होने की आज्ञा दे दी। महिला संगीत, हल्दी, मेंहदी आदि सभी में दिशा ने राजेश का दिल जीत लिया। महिला संगीत वाले दिन दिशा बहुत सुंदर लग रही थी। उसके तीखे नैन नक्श और ऊपर से लम्बे बाल बहुत आकर्षित कर रहे थे। जबकि दिशा सादगी से ही शादी के समारोह

मे शामिल हो रही थी। पर राजेश को दिशा का वह रूप भा गया। राजेश समझ नहीं पा रहा था कि अब तक वह दिशा के इस सुंदर चेहरे और हृदय को क्यों नहीं देख पाया? दिशा ने एक दो बार देखा कि राजेश उसे बहुत ध्यान से देख रहा है पर उसने अधिक ध्यान नहीं दिया।

उसे यही लगा कि यह तो उसका दोस्त है। अपनी दीदी की शादी के बाद एक दिन राजेश दिशा से मिला। उस दिन उसने दिशा को अपने मन की बात कह दी।

राजेश ने कहा – "दिशा, मैं तुम्हें चाहने लगा हूँ।"

दिशा ने अपनी गरीबी को सामने रखते हुए साफ इंकार कर दिया। राजेश ने दिशा को बहुत समझाया। अंत में दिशा ने भी राजेश से प्यार का इज़हार कर दिया। दोनो की चाहत परवान चढ़ने लगी। राजेश ने दिशा के माता पिता से दिशा के साथ शादी करने की इच्छा ज़ाहिर की।

दिशा के माता- पिता ने राजेश के मम्मी पापा से बात की। जो कि साफ मना कर दी गई।

दिशा के माता पिता ने राजेश को समझाया कि बेटा, हम गरीब हैं और दिशा तुम्हारे घर की बहू बनने के लायक नहीं है।"

राजेश अमीरी गरीबी को नहीं मानता था।

उसने अपने परिवार वालो के विरुद्ध जाकर दिशा से शादी करने का फैसला कर लिया। जिसे दिशा के माता पिता ने भी स्वीकार नहीं किया।

दिशा के पिता ने जल्दी से जल्दी दिशा की शादी करने का विचार बनाया और आज शाम दिशा को देखने लड़के वाले आने वाले थे।

दिशा राजेश को बहुत पसंद करने लगी थी। अब दिशा के लिए भी राजेश के बिना किसी और को पति रूप मे स्वीकार करना संभव नहीं था।

शाम भी हो गई और लड़के वाले भी दिशा को देखने आ गए। दिशा चाय की ट्रे हाथों में

लिए बाहर आई तो लड़के ने दिशा को एक ही झलक देखकर पसंद कर लिया और पन्द्रह दिनों के अंदर शादी करने की इच्छा ज़ाहिर कर दी। उनके जाने के बाद दिशा बहुत रोई। पर कोई क्या कर सकता था?

अगले दिन राजेश ने दिशा को उसकी एक सहेली से दिशा के लिए यह मैसेज पहुँचवाया कि "वह मंदिर मे दिशा से शादी करेगा।"

अब यह दिशा के हाथ में है कि वह राजेश से शादी करेगी या नहीं?

दिशा बहुत डर गई। पर, वह राजेश को छोड़कर किसी और के साथ विवाह नहीं करना चाहती थी। वह मन ही मन राजेश को अपना पति मान चुकी थी। ऐसे में किसी दूसरे से शादी करना उसके लिए संभव नहीं था।

वह मन ही मन प्रण कर चुकी कि शादी करेगी तो राजेश के साथ, अन्यथा आत्महत्या कर लेगी। दिशा बाज़ार जाने के बहाने राजेश के साथ मंदिर में आ गई, सभी दोस्त भी साथ में थे। वहाँ राजेश ने दिशा की माँग में सबके सामने सिंदूर भर दिया।

उन दोनों के माता पिता को जब इस विवाह का पता चला तब तक बहुत देर हो चुकी थी।

एक दो वर्ष दोनों एक साथ कहीं दूर घर लेकर रहते रहे। दोनों के प्यार की निशानी के रूप में एक प्यारी सी बेटी भी हो गई।

दादा– दादी कब तक खुद को रोक पाते।

बाद में दोनों के माता पिता ने इस विवाह को स्वीकार कर लिया। राजेश ने साबित कर दिया कि प्यार अमीरी गरीबी नहीं देखता। यह हवा का वो झौंका है जो किसी को कभी भी, कहीं भी दीवाना बना सकता है।

प्यार की कोई सरहद नहीं होती। प्यार हृदय की कभी ना रुकने वाली धड़कन है।

"प्यार कभी मरता नहीं, हमेशा ज़िंदा रहता है।"

ज़िंदगी को खुलकर जीओ

खुश होकर वो काम करो जो तुम्हें खुशी दे।।

ज़िंदगी और वक्त

वक्त हाथ में कभी किसी के होता नहीं ,

वक्त अपनी चाल को कभी खोता नहीं ।

जो करना है वक्त को, वह वो करता ही है

वक्त किसी के कहने से,कभी रुकता नहीं ।।

ज़िंदगी में वक्त की अहमियत वही समझ सकता है जिसने अपने वक्त को बर्बाद किया हो, वो भी जानबूझकर । जी हां समय की चाल कभी कोई बदल नहीं सकता । ना ही समय की घड़ी को कोई रोक सकता । यह समय है जो लौटकर एक दिन वापिस आता है और मनुष्य को उसके कर्मों की याद दिलाता है । यह माना इसमें भी समय अपना पूरा समय लेता है पर एक दिन मनुष्य को ज़िंदगी में वक्त के महत्व का बोध करा ही देता है । कुछ लोग इस बात को भलीभांति समझकर संभल जाते हैं और कुछ जीवन भर यही सोचते रहते हैं कि ऐसा कुछ नहीं होता । पर जो वक्त रहते संभल जाता है वक्त उसी को अपना बना लेता है और जो संभल नहीं पाता वह वक्त से पीछे रह जाता है और अपना नुकसान कर बैठता है ।

ज़िंदगी मेरे घर आना,

साथ में मेरा अच्छा,

वक्त भी लाना ।।

ये वक्त

जिसकी तलाश आज,

हर किसी को,

ज़िंदगी यूं मुझे मेरे अच्छे

वक्त से मिलवाना।।

ज़िंदगी मेरे घर आना,

साथ में मेरा अच्छा,

वक्त भी लाना।।

दीपू की यह कहानी 'वक्त' को बखूबी बयां कर रही है....

"माँ ! माँ ! वह बोर्ड किस चीज़ का लगा है ? ".....

"बेटा वह वृद्धाश्रम है।"

"वृद्धाश्रम क्या होता है ? "

"बेटा,,, जो बूढ़े हो जाते हैं उन्हें यहाँ रहने के लिए जगह दी जाती हैं।"

एक के बाद एक प्रश्न दीपू अपनी माँ काजल से पूछता जा रहा था।

काजल ने भी बड़े प्यार से उसके सभी सवालो के जवाब दिए।

काजल अपने बेटे दीपू को स्कूल से लेकर घर की ओर जा रही थी। रास्ते में सब्जी मंडी पड़ती थी तो काजल ने सोचा घर के लिए कुछ सब्जियाँ ही लेती चले। जब काजल सब्जी खरीद रही थी तब दीपू ने वहाँ कुछ दूरी पर ही एक बड़े से भवन को देखा था जहाँ बाहर बोर्ड लगा था। तभी दीपू ने माँ से ये सवाल किए।

थोड़ी देर में दोनों घर आ गए। काजल और मोहन ने प्रेम विवाह किया था। एक बेटा था दीपू। काजल के ससुर जी का स्वर्गवास काफी समय पूर्व हो चुका था इसलिए सास यहीं अपने बेटे और बहू दोनों के साथ ही रहती थी। काजल आए दिन मोहन से कहती रहती कि," शहरो में घर छोटे होते हैं हमारा भी घर छोटा है। अपनी मां को वृद्धाश्रम छोड़ आओ। कल हमारा परिवार भी बढ़ेगा। दीपू बड़ा होगा। उसे भी अपना अलग कमरा चाहिए। "

मोहन भी प्रतिदिन एक ही बात सुन– सुन कर तंग आ चुका था। एक दिन उसने भी "हाँ" कर ही दी। अब सास को वृद्धाश्रम भेजने की तैयारियां होने लगीं। आज रविवार होने के

कारण दीपू घर ही में था। उसे पता चला कि दादी को वृद्धाश्रम भेजा जा रहा है। दीपू तुरंत दादी के पास आया और उनके गले में प्यार से हाथों का हार बनाकर डालते हुए मासूमियत भरे लहजे में बोला–," दादी घबराना मत....मेरी मम्मी ने कहा था कि जो बूढ़े हो जाते हैं वह वृद्धाश्रम में रहने चले जाते हैं।".....

फिर अपने मम्मी पापा की ओर देखकर बोला –"दादी, ये दोनो भी जब बूढ़े हो जायेगें, मैं इन्हें भी वहीं आपके पास छोड़ आऊगाँ।"

इतना सुनते ही काजल के होश उड़ गए। उसे कुछ समझ में नहीं आया कि वह क्या करे? उसने जल्दी से सास का सामान खोलकर उन्हें कमरे में भेज दिया और क्षमा माँगी।

दीपू तो बच्चा था परंतु बच्चे जो भी घर परिवार में देखते हैं, वही सीखते भी हैं और वही सब अपने जीवन में अपनाते हैं। काजल को समय की मार का अनुभव हो चुका था। वह समझ गई थी कि यह समय किसी का ऋण नहीं रखता, सूत समेत वापिस कर देता है। जिसका परिणाम कर्मों के अनुसार व्यक्ति को मिलता है।

समय लौटकर अवश्य आता है।

इसलिए ज़िंदगी में समय की अहमियत को नज़रं अदाज़ बिल्कुल नहीं करना चाहिए।।

शान की छोटी कविताएं

1.

हंसते चेहरे में ढूंढ़ो उस ग़म को,

जो सामने होकर भी छुपा है कहीं।

आंखों में दिखती जो खुशी

ग़म की परछाईं भी कहीं।

खत्म होती दास्तां ज़िंदगी की

कहती कहानी फिर कोई।

हंसते चेहरे में ढूंढ़ो उस ग़म को

जो सामने होकर भी छुपा है कहीं।।

2.

ख्वाहिशों में बंधकर

ना करो खत्म इन

खूबसूरत लम्हों को।

ख्वाहिशों का क्या है

पूरी होंगी या नहीं

कहा नहीं जा सकता पर

लम्हों को एक बार खो दिया

फिर नहीं पा सकोगे दोबारा।।

जीयो खुलकर क्यों कि

जो आज है वही है सब,

कल कुछ भी नहीं
क्योंकि कल कभी आता नहीं।।

3.

माना तू चलती नहीं
किसी के कहने से
करती अपनी मनमानी
पर आज तुझे सुननी है
मेरी भी एक कहानी।
इतने दिनों से कर रही
तू आंख मिचौली मुझसे
आज नहीं तू मुझसे यूं
बचने वाली।।
आज सोच लिया है मैंने
जीऊंगी अब अपने लिए
कोई कहें कुछ भी
सोचूंगी सिर्फ अपने लिए
तू साथ देगी मेरा
ऐसा विश्वास करती हूं
ज़िंदगी तेरा
मैं इंतजार करती हूं।।

4.

ठहर जा एक ज़िंदगी,

रह गए कुछ काम बाकी।

जिन्हें करना है पूरा मुझे,

जब तक है ये जान बाकी।।

इतने साल हुए,

नहीं हुआ अहसास कोई,

फिर आज क्यों लगता है ऐसा

मेरे इर्द गिर्द पास कोई।।

अंत करूंगी ऐसे मैं,

मिलूंगी अपने उस दर्द से

करूंगी दिल की बात और

बात करुंगी धड़कनों से।।

5.

ज़िंदगी के दामन में

सब अपने ख्वाब सजाते हैं।

कुछ के हो जाते पूरे,

कुछ के अरमान रह जाते हैं।

करो कोशिश पूरा करने की,

मिलती एक बार ही है ज़िंदगी।

कम या अधिक सोचो मत,

करो बात पूरी अपने हृदय की।।

जब हो जाए राहत दिल को,
रुककर एक सांस लेना।
इस ज़िंदगी का शुक्रिया,
फिर बार बार कहना।।

ज़िंदगी में एक जुनून ज़रूरी

जब तक ज़िंदगी में
ना जुनून होगा,,
तब तक ज़िंदगी का ना फिर
कोई भी अर्थ होगा।

मनुष्य आता धरती पर
अपने हिस्से की ज़िंदगी
जी कर चला जाता है।
गुम हो जाता नाम –पहचान
बताओ क्या मनुष्य पाता है?

ज़िंदगी में एक जुनून ज़रूरी
तब मज़ा है जीवन को जीने में।
अन्यथा जन्म के बाद मृत्यु
शर्म कैसी ?
यह बात खुलेआम कहने में।।

कुछ पाना है अगर जीवन में
मन में जुनून जगाना होगा।
अपने सपनों को फिर तुझे
नये पंखो से सजाना होगा।।

जुनून से मिल जाएगा वो
जो तू चाहता आया अब तक।
दृढ़ता से आगे बढ़ना होगा,
मन के डर को भगाना होगा।।

ज़िंदगी में एक जुनून ज़रूरी
जीवन को उद्देश्य पूर्ण बनाता है।
सही ग़लत की पहचान कराकर,
जीने की सही राह सिखाता है।

जुनून हो ऐसा जो
बदल दे सूरत रात दिन की
ना हो कोई लम्हा अधूरा
हर बात हो पूरी फिर मन की।।

ज़िंदगी है तभी

अंत में मैं यहीं कहना चाहूंगी कि ज़िंदगी हमारी सबसे अच्छी दोस्त है। एक ऐसी दोस्त जिसे हमारे दुख और रंज से दुख होता है। जिसे हमारी खुशी से खुशी मिलती है। हम स्वस्थ होते हैं तो ज़िंदगी में भी बहार आ जाती है। हम बीमार होते हैं तो ज़िंदगी भी मुरझा जाती है। ऐसी दोस्ती का हम सबको पूरा ख्याल रखना चाहिए और यही कोशिश करनी चाहिए कि हम अपने दोस्त को कभी दुखी ना करें।

याद रखो! ज़िंदगी है तभी हम सब आमने- सामने हैं। हम हंस सकते हैं, हम बोल सकते हैं, हम गा सकते हैं, हम घूम सकते हैं। अपने सपने पूरे कर सकते हैं।

ज़िंदगी एक महक है ,
महकाती वादियों को ।।
ज़िंदगी एक ख्वाब है,
संवारती नींदों को ।।
ज़िंदगी एक आशा है,
बढ़ाती सकारात्मकता को ।।
ज़िंदगी एक रौशनी है,
उजाला फैलाती रातों को ।।
ज़िंदगी मधुर सुर है,
संगीत सुनाती संसार को ।।
ज़िंदगी मेरे घर आना ,
मेरे आज को बेहतर बनाना।
ज़िंदगी मेरे घर आना,

मेरी सोच को परिपक्व बनाकर ,
सही निर्णय लेने में निपुण बनाना।।
ज़िंदगी मेरे घर आना।।
तेरा साथ हम सभी को चाहिए,
तेरी महक से लबालब
अपना घर-आंगन चाहिए।
तेरी हम सबको है ज़रूरत बहुत
तेरी प्यारी दोस्ती हर वक्त चाहिए।
ज़िंदगी मेरे घर आना।।